Wissenschaftliche Beiträge aus dem Tectum Verlag

Reihe Soziale Arbeit

Wissenschaftliche Beiträge
aus dem Tectum Verlag

Reihe Soziale Arbeit
Band 1

Christian Reichinger

Musik als nonverbale Traumapädagogik

Gemeinsames Trommeln in der stationären Kinder- und Jugendhilfe

Tectum Verlag

Christian Reichinger
Musik als nonverbale Traumapädagogik
Gemeinsames Trommeln in der stationären Kinder- und Jugendhilfe
Wissenschaftliche Beiträge aus dem Tectum Verlag
Reihe: Soziale Arbeit; Bd. 1

ISBN: 978-3-8288-4333-2
ePDF: 978-3-8288-7323-0
ISSN: 2629-2211

Umschlaggestaltung: Tectum Verlag, unter Verwendung des Bildes # 638213530
von maramorosz | www.istockphoto.com

Printed in Germany

Besuchen Sie uns im Internet
www.tectum-verlag.de

Bibliografische Informationen der Deutschen Nationalbibliothek
Die Deutsche Nationalbibliothek verzeichnet diese Publikation in der Deutschen Nationalbibliografie; detaillierte bibliografische Angaben sind im Internet über http://dnb.d-nb.de abrufbar.

Vorwort

Wie lässt sich über das Unaussprechliche sprechen? Christian Reichinger ist als Sozialarbeiter in der stationären Kinder- und Jugendhilfe mit ebendieser Problemstellung konfrontiert, wenn sich vergangene Gewalterfahrungen bei jungen Menschen als Traumata verfestigt haben. Sind Menschen nicht in der Lage, über ihr Leiden zu sprechen, bleiben Hilfebedarfe verkannt; junge Betroffene erscheinen – wie Niemeyer sagt – dann nicht als Jugendliche, die Probleme *haben*, sondern als solche, die nur Probleme *machen*. Das gezeigte Problemverhalten steht gegenüber dem Hilfebedarf im Vordergrund und wird zum Gegenstand sanktionierender Zugriffe. Schließlich sind auch den Professionellen die Hände gebunden, wenn Zugänge mittels Sprache, welche nicht nur im Alltag, sondern eben auch in Schule, Beratung, Therapie und Sozialer Arbeit dominieren, ins Leere laufen. Anstatt die Verantwortung für das Scheitern bei den Adressatinnen und Adressaten – in ihrer vermeintlich fehlenden Einsichtsfähigkeit, Mitwirkungsbereitschaft etc. – zu suchen, sollten dann gerade aber die Grenzen der professionellen Kompetenzen reflektiert werden, um in Konsequenz das professionelle Methodenspektrum zu erweitern.

Mit seiner Konzeptentwicklung für ein gemeinsames rhythmisches Musizieren leistet Christian Reichinger dazu nun einen fruchtbaren Beitrag. Ausgehend von aktuellen neurowissenschaftlichen Erkenntnissen arbeitet er heraus, dass es geradezu wesenstypisch für eine traumatische Erfahrung ist, dass diese dem reflektierenden Bewusstsein nicht ohne weiteres zugänglich ist und daher auch weder einfach versprachlicht, noch ohne fremde Hilfe bewältigt werden kann. Stattdessen argumentiert er für ein Verständnis, wonach der Körper als Ort der Traumatisierung und Traumaverarbeitung zu adressieren sei. Er zieht Vergleiche zur neurophysiologischen Rezeption von Musik, und kann auf diese Weise überzeugend darlegen, wie das Trommeln mit der vorliegenden Adressatinnen-/Adressatengruppe sinnvoll genutzt werden kann. Damit überführt er ein klassisches Medium auf Grundlage aktueller Kenntnisstände in den gegenwärtigen Methodendiskurs.

Musik stiftet Erfahrungen auf vielen Ebenen, ohne das sprachlich vermitteln zu müssen. Die Trommel verleiht der eigenen körperlichen Aktivität unmittelbare Resonanz; sie macht Anspannung und Gelassenheit, Stärke und Feingefühl, Aggression und Zurückhaltung erfahrbar. Im gemeinsamen Trommeln ist zugleich der körperlich-musikalische Ausdruck der anderen Musizierenden, die einen vergleichbaren Erfahrungshintergrund haben, wahrzunehmen; die hervorgerufenen Resonanzen befördern ein wechselseitiges Verstehen resp. Sich-verstanden-Fühlen ohne Worte. Man kann im Einklang miteinander sein, ohne um Rückhalt oder Solidarität zu bitten. Und es eröffnen sich neue Experimentierfelder als Äquivalente zum sozialen Leben, wenn dort das notwendige Zutrauen fehlt, z. B. indem man auch einmal versucht, den Takt vorzugeben oder sich auf den Rhythmus der anderen einzulassen. Wie das Instrument gespielt wird, ist vergleichsweise niedrigschwellig, vor allem aber offen für unterschiedliche lebensweltliche Orientierungen, Bedeutungszuschreibungen und Identitätsprojekte, die in verschiedenen Genres oder Stilen zum Ausdruck gebracht werden können.

In der Berücksichtigung sozialer und lebensweltlicher Aspekte liegen denn auch besondere Stärken des entwickelten Konzepts: Christian Reichinger gelingt es nicht nur, den Diskurs zur Musik als pädagogischem Medium auf Grundlage aktueller, interdisziplinärer Beiträge weiterzuführen; es gelingt ihm auch, diese so zu integrieren, dass ein sozialpädagogischer Referenzrahmen stets erkennbar bleibt. Die Adressatinnen und Adressaten werden nicht pathologisiert, sondern als Biographieträgerinnen und Biographieträger mit spezifischen Bewältigungsaufgaben ernstgenommen. Sie werden nicht vereinzigt oder entkontextualisiert; sie werden als Menschen in menschlicher Gemeinschaft gesehen und gestärkt. Die Zielbestimmung verliert sich nicht im Quasitherapeutischen, sondern fokussiert auf die Stabilisierung der jungen Menschen, um sie in ihrer Alltagsbewältigung zu unterstützen. Indem Expertisen der eigenen wie benachbarter Disziplinen respektiert und eigene wie fremde Handlungsaufträge achtsam unterschieden werden, wird die multiprofessionelle Zusammenarbeit gerade unterstützt und das gemeinsame Trommeln sinnvoll in diese eingeordnet.

Christian Reichinger hat das Konzept schon zu Studienzeiten an seiner damaligen Praxisstelle implementiert und seither auch darüber hinaus erfolgreich erprobt und umgesetzt. Er hat diese Möglichkeiten genutzt, um Theorie und Praxis sinnvoll aufeinander zu beziehen. Ihre Verzahnung ist allgegenwärtig spürbar. Sie verleiht den anspruchsvollen konzeptuellen Herleitungen die notwendige Sensitivität für die Praxis und den gezogenen handlungsrelevanten Konsequenzen eine überzeugende analytische Tiefe. Daher ist dieses aus einer Qualifikationsarbeit erwachsene Konzept auch ein sehr gelungenes Beispiel für einen konstruktiven Wissenschaft-Praxis-Dialog, dem eine breite Rezeption sehr zu wünschen ist.

Prof. Dr. Heiko Löwenstein, im Juli 2019

Geleitwort

Die Qualifizierung von Fachkräften sowie die Weiterentwicklung der Fachlichkeit in der Sozialen Arbeit sind elementare Grundanliegen verbandlicher Caritas. Der Campus Christophorus Jugendwerk ist eine Einrichtung des Caritasverbandes für die Erzdiözese Freiburg e. V. und ist bestrebt, neben den zentralen Aufgabenstellungen einer modernen Jugendhilfeeinrichtung auch den genannten Grundanliegen Rechnung zu tragen. Es ist Tradition und Strategie zugleich, gerade auch Studierenden der Sozialen Arbeit Zugang zur Praxis der Erziehungshilfen beispielsweise in Form von Praktika oder als zusätzliche Kräfte mit einem kleineren Stellenumfang zu verschaffen. Gerne unterstützen wir Bachelorarbeiten und öffnen unser Arbeitsfeld für aktuelle Forschungsfragen. Auf diese Weise war es in der Vergangenheit oftmals möglich, fachliche Entwicklungen wissenschaftlich fundiert anzustoßen, zu begleiten oder zu evaluieren.

Der Campus Christophorus Jugendwerk verfügt in der Arbeit mit männlichen Jugendlichen in stationären Gruppenkontexten über eine jahrzehntelange Expertise. Als Einrichtung, die lange Zeit überregional vor allem dann als geeignete Hilfe vorgeschlagen wurde, wenn es darum ging möglichst viel Abstand zwischen jungem Menschen und Herkunftsmilieu zu bringen, war für uns schon immer die Frage wichtig, wie wir einen jungen Menschen für die Hilfe gewinnen und in einen Prozess der Ko-Produktion einsteigen können. Die gefundenen Antworten lassen sich zeitlich recht genau darstellen: 2004 erfolgte die konsequente Einführung der konzeptionellen Verknüpfung von Bildung und Partizipation im Setting der stationären Erziehungshilfe. Im Jahr 2011 wurde eine Evaluation dieser konzeptionellen Umstellung durchgeführt, die sich auf die Datenerhebung mit EVAS (Evaluation erzieherischer Hilfen) und in Workshops mit Jugendlichen und Mitarbeitenden gewonnenen Erkenntnissen stützte. Die

Ergebnisse zeigten die große Bedeutung einer ressourcenorientierten Pädagogik in der Arbeit mit gewalterfahrenen und traumatisierten jungen Menschen im Sinne sowohl einer Stabilisierung als auch einer Steigerung der (Selbst-)Heilungsressourcen.

Ab 2012 kam mit dem Aufgabenfeld der unbegleiteten minderjährigen Flüchtlinge eine neue Herausforderung auf die Einrichtung zu. Schnell wurde deutlich, dass zwar viele vorhandene Kompetenzen und fachliche Konzepte durchaus auch bei dieser Zielgruppe anwendbar waren, es allerdings auch anderer Umsetzungen bedurfte und neue Barrieren zu überwinden waren: Das angeblich schärfste Schwert des Sozialarbeiters – die verbale Kommunikation – war stumpf geworden. Wir waren zum Teil händeringend auf der Suche nach nonverbalen Kommunikations- und Kooperationsmöglichkeiten, die uns ein pädagogisches Beziehungsangebot ermöglichten.

Aus dieser Zeit stammt die Antriebsfeder für die vorliegende Arbeit von Christian Reichinger, der uns als Studierender der Sozialen Arbeit an der Evangelischen Hochschule Freiburg bei der dargestellten Suche unterstützt und sich mit seiner Idee von nonverbaler Traumapädagogik durch Musik und Rhythmus auf nahezu unbekanntes Terrain gewagt hat. Zwar steht der Anlass in engem Zusammenhang mit den Jahren hoher Geflüchtetenzahlen in Freiburg, der Bedarf an solchen Angeboten ist aber eben auch und gerade für junge Menschen der ‚klassischen' Jugendhilfeklientel mit ihren oftmals langjährigen Gewalterfahrungen und Traumatisierungen gegeben. Deshalb ist das Thema für die stationäre Kinder- und Jugendhilfe insgesamt relevant und aktuell. Ein äußerst charmanter Aspekt für die alltagspädagogisch orientierte Praxis ist die Tatsache, dass die Thesis zwar von Traumapädagogik handelt, das Konzept aber ohne eine explizite Traumadiagnose nach ICD 10 auskommt – es reicht bereits die Gewalterfahrung. Das verbreitert das Anwendungsspektrum im Bereich der Kinder- und Jugendhilfe enorm. Sicherlich muss das Konzept noch weiter evaluiert werden, es verspricht aber andererseits schon jetzt einen niedrigschwelligen und praktikablen methodischen Zugang zu einem sehr komplexen Thema. Für diesen Beitrag zur fachlichen Weiterentwicklung darf ich Christian Reichinger herzlich gratulieren.

Thomas Köck, im Juli 2019

Danksagung

Dieses Buch ist aus einer Bachelorthesis hervorgegangen, die ich im Dezember 2017 im Studiengang Soziale Arbeit an der Evangelischen Hochschule Freiburg vorlegte. Sie war das Ergebnis einer mehrere Semester umfassenden, intensiven Einführung einer kleinen Gruppe leidenschaftlich interessierter Studierender in die Psychotraumatologie und Traumapädagogik in der Sozialen Arbeit durch Frau Prof. Dr. Sabine Allwinn. Die ergänzende Betreuung und Begleitung während der Entstehung der Thesis und darüber hinaus übernahm Herr Prof. Dr. Heiko Löwenstein. Beiden danke ich herzlich für die inspirierende, kreative und hinsichtlich all ihrer möglichen Facetten ermunternde Heranführung an diesen für die Kinder- und Jugendhilfe so überaus wichtigen Themenkomplex sowie für die hervorragende Begleitung dieser Arbeit bis zum heutigen Tage.

Als Sozialarbeiter ist es eine Freude, das, was Menschen über Kulturen und Epochen hinweg intuitiv und instinktiv als ‚heilsam' empfinden – darunter Musik, Musizieren, Körpererfahrung und nonverbale, spürbare Gemeinschaft – auf Basis neuester Erkenntnisse aus Traumatologie, Neurophysiologie, Musikpsychologie und Wissenschaft Sozialer Arbeit theoretisch zu fundieren und im Sinne eines gebotenen professionellen Praxisbezugs zu operationalisieren; denn: Aus Sicht der unter Gewalterfahrung und Traumata leidenden Kinder und Jugendlichen, nicht zuletzt aber auch im Lichte des Professionalisierungsprozesses Sozialer Arbeit, kommt (nonverbal) traumapädagogisch arbeitenden Fachkräften in der Kinder- und Jugendhilfe eine ganz zentrale Bedeutung und Verantwortung zu.

Für den Mut, die Progressivität, das Zutrauen und das persönliche Vertrauen, ebendiesen nonverbalen, musikbasierten und traumapädagogischen Vorstoß in bisher innerhalb der Kinder- und Jugendhilfe weitgehend unerforschtes Gebiet derart mit institutionellen Ressourcen, Freiheit und Wohlwollen zu unterstützen, gilt Herrn Thomas Köck und dem Campus Christophorus Jugendwerk in Oberrimsingen, welches er leitet, mein ganz besonderer Dank. Er war es, der meinen Weg in die Soziale Arbeit bzw. in die Kinder- und Jugendhilfe an den entscheidenden Stellen ermöglicht, geprägt, begleitet und nachhaltig unterstützt hat.

Schließlich möchte ich meiner Familie danken: Harald und Ruth Reichinger für den in Kindheit und Jugend völlig freien und fördernden Zugang zu allem, was klingt. Dr. Martin Reichinger für sein Vorbild in so vielem – und den Schlüssel zur Bibliothek. Christine, Michael und Jeanne Ward für deren unbedingte Ermunterung zum Suchen und Beschreiten des *eigenen* Weges. Katharina Reichel, denn sie hatte von Anfang an Recht.

Vera und Maria Reichinger danke ich für das, was sie sind:
mein sicherer Ort.

Christian Reichinger, im Juli 2019

„Die Musik drückt aus, was nicht gesagt werden kann
und worüber zu schweigen unmöglich ist."

Victor Hugo

Für Vera Josephine und unser Winterkind

Inhalt

1. Einleitung und Forschungsfrage

Das Ansinnen, die mögliche Wirkung von Musik auf Menschen mit Gewalterfahrung und/oder Traumatisierung auf wissenschaftlicher Ebene theoretisch und praktisch zu untersuchen, steht zunächst im Zusammenhang eigener biographischer Erfahrungen. In über zwei Jahrzehnten praktischen Musizierens mit Klavier, Schlagzeug und Gesang in den unterschiedlichsten Settings des semi-professionellen Bereichs (Bands, Chöre, Improvisationssessions, Workshops mit Jugendgruppen etc.) sind mir wiederholt drei Phänomene begegnet. Diese waren und sind zunächst sicherlich nur Gegenstand meiner ganz persönlichen Wahrnehmung und subjektiven Bewertung. Durch die wissenschaftliche Auseinandersetzung jedoch mit der Natur von Gewalterfahrung und Traumatisierung im Rahmen des Studiums der Sozialen Arbeit erschienen mir diese Erfahrungen in einem völlig neuen Kontext ungewöhnlich schlüssig.

Zum einen ist die sehr intensive Körpererfahrung beim Trommeln oder Schlagzeugspielen zu nennen, die insbesondere bei ausgedehnten Bandproben und Konzerten spürbar war, und die sich sogar als die vordringliche Empfindung beim Trommeln erwies. Der *ganze Körper* macht Musik – über einen langen Zeitraum, unter Beteiligung aller Gliedmaßen und integriert in einen von allen MitmusikerInnen geteilten Rhythmus. Kein Instrument – außer, auf ihre sehr eigene Weise, die Stimme – habe ich vergleichbar körperlich erlebt wie Schlagzeug und Trommeln.

Zum anderen waren die Art und Weise und v. a. Präzision des musikalisch-kommunikativen Austauschs während gemeinsamer Improvisationssessions immer wieder auffällig. Eine Kommunikation allein mittels Instrumenten und musikalischer Phrasen, ohne Sprache und häufig mit verblüffenden und nicht antizipierbaren, gemeinsam erzeugten Ergebnissen. In diesem Zusammenhang steht letztlich auch die dritte relevante Erfahrung, nämlich das sich während und nach jenen Sessions einstellende Gefühl von Verbundenheit und Gemeinschaft – völlig unabhängig davon, ob die MitmusikerInnen altbekannte (Band-)Freunde waren oder Menschen, die man vorher nicht kannte.

All dies könnten positive persönliche Erfahrungen sein und bleiben, wenn nicht das Traumaverständnis insbesondere in den Werken van der Kolks (2014) und Porges' (2010/2017) im Zusammenhang mit Sozialer Arbeit geradezu dazu auffordern würde, ebenjene Erfahrungen professionell zu reflektieren. Dieser Traumabegriff betont u. a. den Körper als ‚Ort' der Traumatisierung und Körpererfahrung somit als einen der wesentlichen Zugänge zur Traumaheilung. Er relativiert die diesbezügliche Wirksamkeit von Sprache und verbaler Kommunikation und schreibt dem Erzeugen und Wahrnehmen von Gemeinschaft und sozialer Eingebundenheit grundlegende Bedeutung zu. Dies korreliert mit den Wirkungsebenen eigener Musikerfahrungen und, wie zu zeigen sein wird, auch mit Aspekten der neurophysiologischen Verarbeitung sowie der sozialen Wirksamkeit von Musik.

Der Fachverband Traumapädagogik (vormals: Bundesarbeitsgemeinschaft Traumapädagogik) operationalisiert dabei die Erkenntnisse der Traumatologie für Soziale Arbeit in der stationären Kinder- und Jugendhilfe in Form traumapädagogischer Standardsetzungen (Lang et al. 2011). Die stationäre Kinder- und Jugendhilfe hat hierfür großen Bedarf. Sie ist ein Bereich, in dem außergewöhnlich viele AdressatInnen mit Gewalt- und/oder traumatisierenden Erfahrungen leben (vgl. Gahleitner 2013, 47) und der für sie von einer großen lebensweltlichen Relevanz ist. Vor diesem Hintergrund lohnt sich die

Fragestellung, wie sich Ziele nonverbaler Traumapädagogik durch Musik, speziell gemeinsames rhythmisches Musizieren, im Bereich lebensweltorientierter Sozialer Arbeit in der stationären Kinder- und Jugendhilfe erreichen lassen bzw. wie hierfür konzeptionell vorzugehen ist. Das vorliegende Buch hat somit das grundlegende Ziel, die potentiell positive Wirksamkeit einer nonverbalen traumapädagogischen, rhythmisch-musikalischen Intervention auf (Selbst-)Heilungsressourcen von gewalterfahrenen Jugendlichen in der stationären Kinder- und Jugendhilfe wissenschaftlich zu analysieren, herzuleiten und die entsprechende Intervention darauf aufbauend zu konzipieren und anhand eines Praxisprojekts zu reflektieren. Die wissenschaftliche Analyse und Evaluation der letztendlichen Wirksamkeit dieser Intervention erfordert indes eine eigenständige Untersuchung, für welche diese theoretische Herleitung gleichermaßen Grundlage wie Anknüpfungspunkt sein soll.

In Kap. 2 wird zunächst eine theoretische Grundlegung aus Perspektive der Traumapädagogik in der stationären Kinder- und Jugendhilfe, der (Neuro-)Physiologie des Traumas sowie jener der Musik erarbeitet. Darauf aufbauend wird in Kap. 3 ein Rhythmusworkshop in der stationären Kinder- und Jugendhilfe inhaltlich und strukturell sowie unter Berücksichtigung der sich aus Kap. 2 ergebenden Anforderungen an professionelle Soziale Arbeit konzipiert. Die Durchführung dessen wird in Kap. 4 insbesondere unter Gesichtspunkten der viermonatigen praktischen Umsetzung des Rhythmusworkshops betrachtet, die in und mit intensiver Unterstützung der (stationären) Jugendhilfeeinrichtung Campus Christophorus Jugendwerk in Oberrimsingen/Freiburg im Breisgau stattfand. Kap. 5 schließlich beinhaltet Schlussbetrachtungen, Fazit sowie die Überleitung zu einer möglichen Wirksamkeitsanalyse und -evaluation.

Der Nutzen dieses Buches liegt dabei u. a. darin, dass es Kinder- und Jugendhilfeeinrichtungen als wissenschaftliche Herleitung, theoretisch und interdisziplinär fundiertes Konzept sowie praktischer Leitfaden zur Implementierung und Durchführung eines traumapädagogischen Rhythmusworkshops im eigenen Einrichtungsalltag dienen kann. Aufgrund der für den praktischen Teil dieser Arbeit relevanten Adressatengruppe des Campus Christophorus Jugendwerk (i. e. männliche Jugendliche ab 12 Jahren) fokussiert das Konzept dabei schwerpunktmäßig auf Jugendliche denn auf Kinder.

2. (Nonverbale musikbasierte) Traumapädagogik als Kernkompetenz der stationären Kinder- und Jugendhilfe

Im psychosozialen Kontext bedeutet ein Trauma, abgeleitet vom griechischen Wort Τραύμα (i. e. ‚Wunde'), eine wahrgenommene extreme Diskrepanz zwischen einer akuten Bedrohung und den zur Verfügung stehenden Ressourcen zu deren Bewältigung, die „mit Gefühlen von Hilflosigkeit und schutzloser Preisgabe einhergeht und so eine dauerhafte Erschütterung von Selbst- und Weltverständnis bewirkt" (Fischer/Riedesser 2009, 84). Wichtig dabei ist, dass sich die Definition eines Traumas ausrichtet nach der „Reaktion, die im Nervensystem eines Menschen hervorgerufen wird – nicht unbedingt nach der Art und Intensität der Umstände" (Levine/Kline 2015, 36). Mit dem Begriff des Nervensystems sind hier sowohl Psyche als auch Körper angesprochen, und somit bezieht sich, wie noch zu zeigen sein wird, auch das für die Soziale Arbeit mit gewalterfahrenen und/oder traumatisierten Jugendlichen relevante Traumaverständnis integriert auf beide Bereiche.

Im Sinne einer medizinisch-psychologischen Zuordnung ist eine Traumatisierung (ICD-10-Code F43) als neurotische, belastungs- und somatoforme Störung (F40–F48) innerhalb der psychischen und Verhaltensstörungen (F00–F99) klassifiziert (vgl. Fröhlich-Gildhoff 2007, 180). Sie ist dabei entlang der jeweiligen zeitlichen Dauer in eine akute Belastungsreaktion (F43.0), eine Anpassungsstörung (F43.2X) sowie in eine Posttraumatische Belastungsstörung (PTBS;

Code F43.1) aufgeteilt. Besonders negative und langfristige Auswirkungen auf die Entwicklung junger Menschen zeigen „frühe und anhaltende, im sozialen Nahraum bzw. von Fürsorgepersonen verursachte Traumatisierungen (...) Das Gefühl von Sicherheit und Geborgenheit (...) wird grundlegend erschüttert" (Gahleitner 2017, 916). Derartige Traumatisierungen sind dem Trauma-Typ II zuzuordnen, der von einer Traumatisierung aufgrund eines einzelnen Geschehnisses (i. e. Trauma-Typ I) abzugrenzen ist (vgl. Gahleitner 2017, 916). Beide Trauma-Typen können dabei unterschiedliche Auswirkungen haben.

In Deutschland stellen „Kinder und Jugendliche in stationären Jugendhilfeeinrichtungen (...) jene Gruppe unserer Gesellschaft dar, welche im Laufe ihrer Biographie vermutlich am häufigsten extremen psychosozialen Beeinträchtigungen ausgesetzt war" (Gstättner/Kohl 2015, 55). Besonders sind in der stationären Kinder- und Jugendhilfe Traumatisierungen des Typs II, also „chronisch-traumatische oder sequentielle Traumatisierungen im Rahmen von Vernachlässigung und physischer, psychischer und sexueller Gewalt von hoher Relevanz" (ebd. 54), was hohe Anforderungen an die pädagogische, psychosoziale und traumapädagogische Arbeit in diesem Bereich stellt. Dies auch deshalb, weil ‚stationär' selten eine Einzel- oder Zweierbetreuung wie bspw. in Pflegefamilien, sondern überwiegend einen Gruppenkontext bedeutet (vgl. Moch 2011, 623 ff.). Es ist gerade für den Bereich stationärer Wohngruppen, insbesondere aufgrund seiner Eigenschaft als elementarem Bestandteil der Lebenswelt der AdressatInnen (vgl. Thiersch/Grunwald 2011, 854 ff.), essentiell, dass deren Ausgestaltung lebensweltorientiert, traumasensibel, -bewusst und letztendlich traumapädagogisch ist. Andernfalls drohen die besonderen Bedürfnisse traumatisierter Kinder und Jugendlicher nicht nur nicht erfüllt zu werden, sondern es werden auch erneute Traumatisierungen möglich.

2.1 Stationäre Kinder- und Jugendhilfe als Rahmen traumapädagogischer Arbeit

Im Zusammenhang mit stationärer Kinder- und Jugendhilfe jedoch zunächst einmal zum Begriff der Traumapädagogik: Der Fachverband Traumapädagogik hat es sich zur Aufgabe gemacht, durch Formulierung, Fundierung und Weiterentwicklung eines Traumapädagogikbegriffs und traumapädagogischer Standards Jugendhilfeeinrichtungen anleitend dabei zu unterstützen, die Spezifika der Verhaltensweisen und Bedürfnisse traumatisierter Minderjähriger in ihrem jeweiligen professionellen Selbstverständnis abzubilden. In einem entsprechenden Positionspapier des Fachverbands Traumapädagogik, das von mehreren führenden TraumaforscherInnen verfasst wurde, wird folgender Ansatz verfolgt: Da in der „Psychotraumatologie und Hirnforschung immer (…) konkretere Folgen (…) von psychischen Traumata auf die Entwicklung und Verhaltensweisen von Kindern und Jugendlichen nachgewiesen" (Lang et al. 2011, 4) wurden, sind insbesondere AdressatInnen der stationären Kinder- und Jugendhilfe eine diesbezüglich vulnerable Gruppe, die „nicht selten chronische Traumafolgestörungen übererregter, reinszenierender und vermeidender Art" (ebd.) entwickelt. Speziell im stationären Setting kumulieren traumabezogene Problemlagen also in bemerkenswertem Maße. Das führt dazu, dass psychosoziale „Fachkräfte, die den Alltag (…) in Einrichtungen mit so hoher Problemdichte gestalten, (…) viele Stunden am Tag großen fachlichen Anforderungen ausgesetzt [sind] und (…) dabei immer noch zu wenig Unterstützung" (Gahleitner 2013, 47) erhalten. Ein kritischer Befund, wenn gleichzeitig ebenjene „Fachkräfte aus dem Bereich der Sozialen Arbeit (…) den weitaus größten Anteil der Traumaversorgung im Kinder- und Jugendbereich" (ebd. 52) gestalten – und eben nicht PsychologInnen, MedizinerInnen/PsychiaterInnen oder TherapeutInnen in ihrem meist klinischen oder praktizierenden Setting.

Insofern beschreibt der Begriff Traumapädagogik jene pädagogischen Ansätze zur fachgerechten Unterstützung betroffener Mädchen und Jungen, in welche die aktuellsten Erkenntnisse aus Hirnforschung und Traumatologie, welche insbesondere auf den Forschungsergebnissen von Porges (2010/2017) und van der Kolk (2014), aber auch Levine (1998/2011) beruhen, nicht nur eingeflossen sind, sondern die dadurch von Grund auf geprägt sind (vgl. Lang et al. 2011, 4). Sie kommen dabei nicht nur den betroffenen Kindern und Jugendlichen zugute, sondern auch den ausführenden Fachkräften, da derartige Standards wesentlich zur Urteils- und Handlungsfähigkeit und letztendlich zur Professionalisierung des Denkens und Handelns der Fachkräfte in entsprechenden Konstellationen und Situationen beitragen. Somit wird der Tatsache Rechnung getragen, dass das stationäre Setting der Kinder- und Jugendhilfe als Bestandteil der Lebenswelt der Jugendlichen ein ganz zentraler Austragungsort traumatologisch und traumapädagogisch begründbaren Verhaltens ist. Es ist deshalb überaus notwendig, professionelle Traumakompetenz als Kernthema Sozialer Arbeit in der stationären Kinder- und Jugendhilfe zu etablieren und zu fördern.

Im im Rahmen eigener Beobachtungen in einer stationären Wohngruppe wurde in diesem Zusammenhang ebenfalls deutlich, dass im Bedarfsfall psychotherapeutische Maßnahmen bestenfalls einmal wöchentlich zu realisieren sind, sofern nicht eine akut-ambulante oder stationäre Unterbringung in der Kinder- und Jugendpsychiatrie im Raum steht. Abgesehen also von diesen ein bis eineinhalb Stunden pro Woche findet der weit größere Teil an traumarelevanter (Inter-)Aktion innerhalb der Wohngruppe bzw. auf dem Gelände der Jugendhilfeeinrichtung statt. Dies deutet darauf hin, dass die notwendigen Interventionen nicht ausschließlich den medizinischen, psychologischen oder psychotherapeutischen Settings überlassen werden können und dürfen, da diese in der Alltagswelt (vgl. Thiersch/Grunwald 2011, 854) der Betroffenen einen zu kleinen Raum einnehmen und eine echte Stabilisierung somit zu leisten *allein* nicht im Stande sind; denn: Im Rahmen lebensweltorientierter Sozialer Arbeit wird bei einem stationären Aufenthalt in der Kinder- und Jugendhilfe ebendieses Umfeld zu jenen „alltäglichen Lebensverhältnissen" (ebd.), die im Leben der AdressatInnen der Sozialen Arbeit Gegenstand fortlaufender Auseinandersetzung sind und dieses maßgeblich bestimmen. Gerade die „Widersprüche zwischen verfügbaren Ressourcen und problematisch belastenden Lebensarrangements, zwischen gekonnten und ungekonnten Bewältigungsleistungen, [und] Resignation und Hoffnung" (ebd.) wirken im Leben von Jugendlichen, deren Weg in die stationäre Kinder- und Jugendhilfe führte, dabei in besonderem Maße – und sind damit auch besondere Aufgabe der Sozialen Arbeit in der stationären Kinder- und Jugendhilfe. Denn ebendiese ist es, die nicht nur Teil der Lebenswelten wird, sondern diese auch transzendiert, wenn sie „im Medium des Alltags einen gelingenderen Alltag zu ermöglichen und zu erleichtern sucht" (ebd.).

Traumapädaogik ist vor diesem Hintergrund besonders relevant, da sie – pointiert formuliert – auf die 23 Stunden des Tages außerhalb der Psychotherapie (vgl. Gahleitner 2013, 48) fokussiert und damit eine hohe Wahrscheinlichkeit besteht, dass sie Teil der Lebenswelt der Jugendlichen wird und darin wirken kann. Sie ist dabei dem psychotherapeutischen Ansatz komplementär gegenüber zu stellen, was einem milieutherapeutischen Ansatz in der Jugendhilfe entspricht. Dieser ist dabei nicht als „Alternative zu bestehenden therapeutischen Verfahren zu verstehen, sondern als (…) komplementärer Begriff (…) in dem Sinne, als auch Geschehnisse und Maßnahmen im pädagogischen Alltag (…) als therapeutisch verstanden werden" (Gstättner/Kohl 2016, 56).

Es ist also originäre Aufgabe und Kernkompetenz der Sozialen Arbeit, traumatisierte Kinder und Jugendliche in ihrem Alltag bzw. ihrer Alltagswelt traumapädagogisch und milieutherapeutisch zu begleiten – komplementär zum klinischen und/oder psychologischen Bereich. Vor diesem Hintergrund hat auch „Musik in der Sozialen Arbeit (…) eine eigene Bedeutung, weil sie in der komplexen und sich stetig wandelnden realen Lebenswelt der Beteiligten verankert ist und wie Distinktion, also als ein „besonderer Weg“ wirken kann“ (Jank 2015, 483). Der Bedarf an diesbezüglich fähiger Sozialer Arbeit indes ist immens:

> „*Kinder und Jugendliche in stationären Einrichtungen weisen (…) so viele kinder- und jugendpsychiatrische Störungen und Problemlagen auf wie nur zwei Prozent der Kinder aus der Allgemeinbevölkerung. Frühe Traumatisierung nimmt dabei eine Spitzenstellung ein. Etwa 80 Prozent der Kinder [in der stationären Kinder- und Jugendhilfe] geben an, eine oder mehrere traumatische Erfahrungen gemacht zu haben, die meisten von ihnen in der unmittelbaren häuslichen Umgebung*“ (Gahleitner 2013, 47).

Was genau aber macht nun eine professionell traumapädagogisch arbeitende stationäre Kinder- und Jugendhilfe aus? Vergleicht man auf der Suche nach den wesentlichen Kriterien hierfür den aktuellen Forschungsstand, so lassen sich mehrere Kernthemen identifizieren. Diese werden durch die AutorInnen jeweils unterschiedlich gewichtet, bilden aber dennoch einen *common ground.* Zu den wichtigsten Ressourcen, die traumatisierten Kindern und Jugendlichen in der stationären Kinder- und Jugendhilfe demnach zur Verfügung gestellt werden müssen, gehören (vgl. Bausum 2013, 189ff.; Gahleitner 2013, 47ff.; Hantke/Görges 2012, 103ff.; Lang et al. 2011, 4ff.; Loch 2012, 151ff.; Scherwath/Friedrich 2012, 69; Weiß 2013, 167ff.):

- Sicherheit und Stabilisierung
- positive und verlässliche Bindungen und Beziehungen zu professionellen Bezugspersonen und Gruppenmitgliedern
- Selbstbemächtigung, Kontroll- und Selbstwirksamkeitserleben
- Wertschätzende und zugewandte Haltung der professionellen Bezugspersonen

Diese Ressourcen sind interdependent, gehen teilweise ineinander über und selbstverständlich kommen weitere wichtige Aspekte und Kriterien wie bspw. Partizipation, Körpererfahrung und nonverbale Kommunikationsformen hinzu. Diese lassen sich jedoch – wie noch zu zeigen sein wird – unter die vorgenannten Aspekte subsumieren, sodass diese Auflistung die wichtigsten Überbegriffe umfasst, die im Folgenden detailliert werden.

2.1.1 Sicherheit und Stabilisierung

Es ist von grundlegender Bedeutung, dass die Kinder und Jugendlichen in der stationären Kinder- und Jugendhilfe in einer Umgebung leben können, die nicht nur objektiv, sondern auch subjektiv sicher ist. Nicht zuletzt aus lebensweltlicher Perspektive geht es in den (stationären) Hilfen zur Erziehung insbesondere um die „Vermittlung eines entlasteten Raums" (Thiersch/Grunwald 2011, 860), der Chancen bietet zum Aufbau neuer Ressourcen und Perspektiven. Im traumapädagogischen Sinne ist damit sowohl Sicherheit vor der ursprünglich traumatisierenden Gefahrenquelle als auch Sicherheit vor physischen und/oder psychischen Über- oder Angriffen durch Personen in der neuen Lebensumgebung gemeint. Speziell hinsichtlich der anderen Gruppenmitglieder ist dies wesentlich, da in den Wohngruppen nicht nur wechselseitige Unterstützung, Beziehung und Empathie, sondern auch aggressives Verhalten und gewaltlastige Gruppendynamiken beobachtbar sind. Diese lassen sich häufig traumatologisch erklären, können aber dennoch äußerst destruktiv, agitierend, verunsichernd und hinsichtlich des Abbaus von Übererregung kontraproduktiv wirken. Denn: Gruppen, in denen „traumatisierte Menschen sind, können aufgrund der speziellen (…) Symptomatiken (…) eine zerstörerische Gruppendynamik entwickeln (…) [im Sinne] traumatischer Übertragung und Gegenreaktion, Trigger, Rückblenden und Manipulation" (Bausum 2013, 189).

Zielsetzung beim Thema Sicherheit ist somit vielmehr ein Konzept des Sicheren Orts, um einer möglichen grundlegenden Verängstigung entgegenzuwirken. Dieses Konzept stellt nicht nur auf die Abwesenheit von Gefahr und das Herrschen von Sicherheit als *dem* „zentralen Aspekt für eine beginnende Traumabewältigung" (Schulze/Kühn 2012, 170) ab, sondern auch auf institutionelle Rahmenbedingungen einer traumapädagogischen Einrichtung. Diese muss das ständige „Tauschverhältnis von Zuwendung gegen Wohlverhalten und Sanktionierung gegen Auffälligkeit" (ebd. 170) unbedingt vermeiden und strukturell anerkennen, dass die Bewältigungsstrategien der Betroffenen natürlich, entwicklungslogisch und bezogen auf die tatsächlich traumatisierende Situation funktional und adäquat sind (vgl. Lang et al. 2011, 5 f.) - was implizit Teil des lebensweltlichen Verständnisses Sozialer Arbeit ist (vgl. Thiersch/Grunwald 2011, 858). Traumapädagogische Orte sind somit als Sichere Orte auszugestalten – als räumliche und soziale Lebensumgebung also, die einerseits die tatsächliche Abwesenheit von Gefahr und Bedrohung sowohl sichert als auch glaubhaft vermittelt, und die Betroffenen andererseits in ihrem über- oder untererregten Zustand annimmt, versteht und respektiert:

> *„People can learn to control and change their behaviour, but only if they feel safe enough to experiment with new solutions. The body keeps the score. If trauma is encoded in heartbreaking and gut-wrenching sensations, then our first priority is to help people move out of fight-or-flight states, reorganize their perception of danger, and manage relationships"* (van der Kolk 2014, 349).

Bezogen auf die kon- oder destruktive Wirkung von Gruppen ist durch gruppenpädagogische Interventionen außerdem sicherzustellen, dass „aus Gruppen heilende und tragende Gemeinschaften" (Scherwath/Friedrich 2012, 79) werden. Insofern wird es den Betroffenen erst durch eine wirklich sichere und annehmende Umgebung ermöglicht, innerlich ebenfalls zu einem Sicheren Ort zu gelangen (vgl. ebd. 69) und damit die Grundlage für Stabilisierung, Beruhigung, Beziehung und Bewältigung zu legen. Auch atmosphärische Aspekte der Räumlichkeiten und Architektur einer Einrichtung sind hier zu berücksichtigen, denn für Traumatisierte sind Sichere Orte „Orte der Heilung. (…) [Sie] brauchen Umgebungen, die *in Ordnung* (sic!) sind und ihren Innenwelten neue Motive und Orientierungen verschaffen" (ebd. 74). Somit ist Sicherheit auch als Absenz von Chaos zu denken und auf mehreren Ebenen wirksam. Deshalb ist auch die unbedingte Verminderung und Vermeidung von Stress wesentlich, um der für Traumatisierte typischen Übererregung entgegenzutreten. „Hierzu gehört das Unterlassen jeder Art von verfrühter Konfrontation oder zu hoch gesteckter Anforderung, da diese – ohne vorherige Stabilisierung – unweigerlich zu Überflutungen führen" (ebd. 69).

Auf Basis der beschriebenen Sicherheit ist es dann möglich und notwendig, eine Stabilisierung herbeizuführen. Damit ist jedoch keineswegs der Versuch gemeint, eine Person dabei zu unterstützen, ‚wieder ruhig' und in ihrem Verhalten ‚wieder unauffällig' zu werden. Vielmehr geht es bei einer traumapädagogischen Stabilisierung um eine langsame und schrittweise Wiedererlangung von Selbstregulationsfähigkeiten. Instabilität bedeutet in diesem Zusammenhang, „dass Unsicherheit, Angst, Nervosität (…) Aggression (…) etc. das Verhalten und Fühlen bestimmen und dieser Zustand nicht hinreichend selbst verändert werden kann" (Hantke/Görges 2012, 105).

Das bedeutet im Alltag einer vollstationär betreuten Wohngruppe, dass Jugendliche, die (noch) nicht stabilisiert sind, mit den typischen Symptomen traumatischer Belastungen zu kämpfen haben, ohne diese kontrollieren oder absehen zu können. Problematisch für die Betroffenen ist dabei insbesondere, diesem Zustand zunächst völlig hilflos ausgeliefert zu sein: Intrusionen, Flashbacks sowie Zustände der Über- und Untererregung überkommen die Jugendlichen plötzlich, überfallartig und übermächtig. Auf diese Weise stellen diese Symptome eine Analogie zum Wesen eines traumatisierenden Ereignisses dar, zu welchem ebenfalls elementares Ausgeliefertsein und große Hilflosigkeit gehören (vgl. ebd. 54). Dies ist ein unerträglicher Zustand der Verunsicherung, Verwirrung, Selbstentfremdung und Angst, der bis hin zu Zusammenbrüchen und notfallmedizinischer Behandlung führen kann. Gut stabilisiert jedoch kann ein Mensch „sich selbst beruhigen und verstehen (…), was passiert (…) [,] sich trösten oder Trost suchen und annehmen (…) [sowie] beeinflussen, wie angespannt oder entspannt er reagieren will" (ebd. 106 f.).

Aus psychotherapeutischer Perspektive ist Stabilisierung Teil der ersten Phase ‚Sicherheit' im Drei-Phasenmodell einer möglichen Traumatherapie, welcher die Phasen ‚Erinnern und Trauern' sowie ‚Wiederanknüpfung' folgen (vgl. Herman 2003, 215 ff.). Daher ist Stabilisierung in der Traumapädagogik gleichermaßen zentral (vgl. Scherwath/Friedrich 2012, 93) und auf Basis der Resilienzforschung kommt dabei, neben sicherer Bindung, insbesondere dem Erzeugen positiver Selbstbilder, Selbstwirksamkeitsüberzeugungen sowie Handlungs- und Problemlösekompetenz eine große Bedeutung zu (vgl. ebd. 93 f.). Weiterhin besteht ein interdisziplinärer Konsens darüber, dass eine im Alltag der Betroffenen stattfindende Stabilisierung in Verbindung mit Beziehungsarbeit und einer institutionellen und programmatischen Berücksichtigung dieser Faktoren die wichtigsten und am dringendsten gebrauchten Ressourcen für Traumatisierte sind (vgl. Schulze 2012, 120).

Konkrete Maßnahmen zur Stabilisierung sind neben Sicherheit und Beziehungsarbeit u. a. Psychoedukation zum Verstehen der eigenen psychischen und physischen Zustände als natürliche Reaktionen auf außergewöhnliche Belastungen (vgl. Lang et al. 2011, 7), feste und zuverlässige Strukturen im Gruppenalltag (vgl. Bausum 2013, 196) sowie zur Krisenintervention (Dissoziationsstopps etc.) in akuten Situationen fähige BetreuerInnen (vgl. Hantke/Görges 2012, 217 ff.).

2.1.2 Positive und verlässliche Bindungen und Beziehungen

Die Unterstützung und Förderung sicheren Bindungsverhaltens in Form von verlässlichen Bindungsangeboten ist ein besonders wichtiger Aspekt, da sichere Bindungen im Leben von Kindern und Jugendlichen in der stationären Kinder- und Jugendhilfe oft nicht (mehr) bestehen. Direkt nach traumatisierenden Erlebnissen wie bspw. Missbrauch oder Gewalt sind Menschen in besonderem Maße auf soziale und emotionale Unterstützung durch Bezugspersonen angewiesen (vgl. Loch 2012, 151). Nicht selten sind es bei JugendhilfeadressatInnen aber genau diese familiären Bezugspersonen, die die Gewalt und den Missbrauch ausüb(t)en. Somit steht den Betroffenen eine der wichtigsten Ressourcen für Traumaheilung bzw. -prävention – i. e. konstruktive und funktionale Beziehungen – nicht zur Verfügung. Das Thema Beziehung wird dadurch als extrem ambivalent zwischen Zuneigung/Abhängigkeit und Bedrohung/Qual erfahren. Die Ausbildung einer Traumatisierung wird begünstigt und es liegt somit an SozialarbeiterInnen oder Pflegeeltern, den Kindern und Jugendlichen zur Bearbeitung der Folgen ihrer Traumatisierungen stabile Beziehungen anzubieten. Im Rahmen der Sozialen Arbeit bedeutet dies sowohl die „reflexiv-empathische Gestaltung von professionellen Beziehungen (…) als auch (…) die Unterstützung von vertrauensvollen sozialen Beziehungen außerhalb des Helfersettings, um (…) neue Beziehungserfahrungen zu ermöglichen“ (ebd. 152).

Der Beziehungsaspekt ist somit also nicht auf jene zwischen BetreuerIn und Kind/Jugendlicher/m beschränkt, sondern schließt sowohl die zu anderen GruppenbewohnerInnen als auch Beziehungen außerhalb dieses Rahmens ein (vgl. Hantke/Görges 2012, 134 ff.). Das Erleben von stabiler, feinfühliger und verfügbarer Zuwendung und Bindung wirkt dabei neustrukturierend auf das Gehirn, bietet ‚korrigierende‘ Erfahrungen und eröffnet die Möglichkeit zur Weiterentwicklung (vgl. Gahleitner 2013, 48). Diese Möglichkeit ist vorhanden, weil Bindung und

Beziehung von geradezu existentieller Bedeutung für den Menschen und sein Überleben sind (vgl. Engelhardt 2017, 44 ff.), was jedoch mit großer wechselseitiger Abhängigkeit und somit dem vollen Potential möglicher gegenseitiger Versorgung und Verletzung einhergeht.

Aus ebendieser potentiellen Ambiguität von Beziehungen ist es wichtig, dass „im Gruppenalltag (…) gezielt auf eine Entängstigung im Beziehungsangebot geachtet“ (Lang et al. 2011, 13) wird. Dazu gehören sicherheitsfördernde Botschaften ebenso wie Kontinuität durch Zuordnung fester Bezugspersonen i. V. m. regelmäßigen Einzelkontakten zu diesen, außerdem Transparenz und Erläuterungen des Verhaltens der BetreuerInnen (vgl. ebd. 13). Dies ist v. a. dann wichtig, wenn BetreuerInnen transparente Gruppenregeln auch einfordern, was für einen gelingenden Gruppenalltag unerlässlich ist und bedeutet, dass die Beziehung auch abseits von Reinszenierungs- und Übertragungskonstellationen nicht konfliktfrei ist (vgl. Loch 2012, 157 f.) und dies auch nicht sein kann und darf. Genau das aber ist positiv und integraler Bestandteil der neuen Beziehungserfahrung: Konflikte sind möglich, sie sind Teil einer Beziehung und sind dabei gleichzeitig Gegenstand achtender Kommunikation sowie von Auseinandersetzung und Klärung. Sie mindern dabei nicht emotionale Zugewandtheit, Empathie und aufrichtiges Interesse, das den Kindern und Jugendlichen entgegengebracht wird.

Die Bedeutung der Beziehungsarbeit ist jedoch noch tiefgreifender: In gleichem Maße wie ein traumatisierter Mensch das Vertrauen in die eigenen Kräfte und ein positives Selbstbild verloren hat, ist auch das „Vertrauen in die Welt als verlässliche Größe und die Menschen als Quelle von Schutz und Sicherheit aufgelöst. Insbesondere wenn Menschen von Menschen traumatisiert werden (…) bleiben auf den Bindungsebenen tiefe Zerfurchungen zurück“ (Scherwath/Friedrich 2012, 83). Hier wird die große Bedürftigkeit der Betroffenen deutlich. Strukturell sind die Möglichkeiten der stationären Kinder- und Jugendhilfe im Grunde gegeben, diesem Bedarf durch BezugsbetreuerInnen und grundsätzlich beziehungsfördernde Rahmenbedingungen zu entsprechen. Allein die traumapädagogische Bedeutung von Beziehung ist sowohl im Selbstverständnis der beteiligten Fachkräfte als auch im formalisierten Rahmen der Hilfeplanung und -ausgestaltung derzeit nicht ausreichend verankert (vgl. ebd. 80 ff.). Dies ist aber notwendig, da es ausschließlich das Berufsbild der Sozialen Arbeit ist, das diese wichtige Funktion übernehmen kann. Die traumapädagogische stationäre Kinder- und Jugendhilfe ist in diesem Zusammenhang ein sehr gutes „Beispiel für psychosoziale Vermittlungsarbeit (…) und interdisziplinäre Herausforderungen. Dennoch drückt sich diese Tatsache häufig nicht in einem entsprechenden Selbst- und Fremdverständnis dieser Berufsgruppe aus“ (Gahleitner 2013, 52).

Wohngruppeninterne Beziehungen sind ebenfalls zu fördern. Bereits der Fachverband Traumapädagogik verankert Gruppenpädagogik und die Relevanz der Gruppe für das Individuum fest im Konzept einer traumakompetenten stationären Kinder- und Jugendhilfe (vgl. Lang et al. 2011, 11 f.). Die Gruppe trägt eine ganz wesentliche Botschaft in sich: *Du bist (mit Deinen schlimmen Erfahrungen) nicht allein!* „Das Wissen, dass man nicht der Einzige ist, der so etwas erlebt hat, schafft eine große Erleichterung (…) [und] vermindert das Gefühl von Scham und Isolation“ (Bausum 2013, 195). Die Betroffenen bekommen die Möglichkeit, Bindungen zu Gleichaltrigen mit ähnlichen Erfahrungen aufzubauen und somit eine Art Leidens-, Verständnis- und Heilungsgemeinschaft zu bilden. Herman fand in Befragungen von Holocaustüberlebenden heraus, dass selbst „unvorstellbar grausame Verhältnisse (…) die Fähigkeit, enge Bindungen einzugehen, nicht zerstören“ (Herman 2003, 130) können. Wenngleich die AdressatInnen der stationären Kinder- und Jugendhilfe ihre traumatisierenden Erfahrungen nur selten – wie bspw. bei Geschwistern – *gemeinsam* gemacht haben, so sind ihnen dennoch ähnliche Erfahrungen *gemeinsam*, was sich als ein wichtiger Zugang zueinander erweisen kann. Dies ist für Gruppe und Individuum insofern von Vorteil, als sich Kinder und Jugendliche in einer „Gruppe von Gleichaltrigen und Gleichgestellten (…) besser auf neue Beziehungsangebote und strukturierende Angebote einlassen, da sie aus der Peergroup heraus sicherer agieren können" (Bausum 2013, 197). Dabei können sie sich an die Orientierung und Alltagsstrukturierung, die eine traumapädagogisch betreute Gruppe erst ausmachen, und die viele aus ihrem familiären Leben heraus nicht kennen, langsam herantasten. Bei der Ausgestaltung der Gruppenregeln und -aktivitäten ist vor diesem Hintergrund auf Partizipation und Einbindung der Jugendlichen zu achten.

Durch traumaspezifische Verhaltensweisen und Symptome wie bspw. Aggressivität, Triggern, Flashbacks oder Manipulation besteht die Gefahr hochgradig destruktiver Gruppendynamiken (vgl. ebd. 191), innerhalb derer auch Retraumatisierungen nicht ausgeschlossen sind. Die durch Kinder und Jugendliche wahrgenommene Bedrohlichkeit von ungewohnten Beziehungsangeboten im stationären Setting ist dabei unabhängig davon, ob die bisher erfahrenen Beziehungen ‚gut' waren. „Es braucht viel Zeit, eine neue Erfahrung (…) zu akzeptieren. (…) der Jugendliche [wird] versuchen, die alten Beziehungsmuster wieder herzustellen (…) bis er sicher sein kann (…): Hier wird nicht geschlagen und misshandelt" (Hantke/Görges 2012, 100). Es liegt dann an professionellen Betreuungsteams, diese Dynamiken zu durchdringen, aufzugreifen, mit den Betroffenen traumapädagogisch zu kontextualisieren und mit Hilfe transparenter und eindeutiger Haltung und Interventionen letztlich die körperliche und psychische Sicherheit aller Gruppenmitglieder zu garantieren.

Eine Gruppe jedoch, die stabil, partizipativ und funktional ist und gelernt hat, traumaspezifisches Verhalten als solches zu erkennen, anzuerkennen und sich gegenseitig bei der Traumabewältigung zu unterstützen, vermittelt ihren Mitgliedern durch diese neuen Bindungserfahrungen genau das, was sie während der traumatischen Geschehnisse preisgeben mussten: Handlungsfähigkeit, Selbstwirksamkeit und Selbstbemächtigung.

2.1.3 Selbstbemächtigung, Kontroll- und Selbstwirksamkeitserleben

Da traumatisch belastete Jugendliche häufig über längere Zeit multiplen traumatischen Ereignissen ausgesetzt waren, sind Hilflosigkeits- und Ohnmachtserfahrungen sowie Kontrollverlust über die eigene Situation als wesentliche Bestandteile traumatischer Ereignisse (vgl. Hantke/Görges 2012, 55) tief in den Betroffenen verankert. Es wirkt die Erfahrung, dass sich Erwachsene der Kinder oder Jugendlichen nach Belieben bemächtigen konnten, da sie „in extremer Weise Objekt von Bedürfnissen von Erwachsenen waren. (…) Sie sind beschädigt und sie haben viel geleistet. Sie werten diese Lebensleistung selten, sie fühlen sich isoliert und ungenügend“ (Weiß 2013, 167). Die Wertschätzung und Anerkennung dieser Lebensleistung, die Ermöglichung der Entdeckung der eigenen Ressourcen sowie unablässige Förderung der Selbstbemächtigung im Sinne einer Rückgewinnung der Entscheidungs-, Kontroll- und Verfügungshoheit über die eigene Person sind für die Traumapädagogik fundamental (vgl. ebd. 167 ff.) und darüber hinaus Kern der Selbstheilungsressourcen der Jugendlichen. Weiterhin manifestiert sich in genau diesem Respekt vor Bewältigung(-sversuchen) und erbrachten Lebensleistungen der Jugendlichen lebensweltorientierte Soziale Arbeit (vgl. Thiersch/Grunwald 2011, 858). Eine entsprechende Ressourcenorientierung der professionellen Bezugspersonen hilft hier, um mittels des Aufspürens „*biographischer Schätze* (sic!) die *inneren Schatzkammern* der betroffenen Menschen aufzufüllen und Selbstheilungsprozesse anzuregen“ (Scherwath/Friedrich 2012, 69). Dazu gehören die Unterstützung positiver Selbstbilder zur Erhöhung der Selbstakzeptanz, Partizipation an der Regelung des Gruppenalltags sowie das „Wiedererlangen von Selbstbemächtigung und (…) [der] Aufbau von Selbstwirksamkeitskonzepten“ (ebd. 69). Dies auch insofern, als dadurch gezielt vorhandene lebensweltliche Bewältigungspotentiale zu stärken versucht werden, „damit Menschen auf Basis ihrer eigenen Kompetenzen (...) selbstbestimmt leben können" (Thiersch/Grundwald 2011, 854). Dabei kann die durch traumatische Erfahrungen zum Erliegen gekommene Selbstwirksamkeit im Gruppenalltag durchaus auch in Form von Aggressionen, Gewalt, Gereiztheit und Machtstreben zu kompensieren versucht werden.

Fünf Fähigkeiten sind es im Wesentlichen, die für die Selbstbemächtigung der Jugendlichen besonders durch traumapädagogische Fachkräfte zu unterstützen und zu fördern sind (vgl. Weiß 2013, 169): Selbstverstehen, Selbstakzeptanz, Wahrnehmung von Körperempfindungen und Gefühlen sowie Selbstregulation und Körperwahrnehmung. Speziell Körperempfindungen und Körperwahrnehmung haben einen besonderen Stellenwert, da sowohl die Reaktionen auf, als auch die Folgen von traumatischen Ereignissen gleichermaßen psychisch *und* physisch sind und nicht selten dazu führen, dass der wahrnehmbare ‚Kontakt' zum eigenen Körper unterbrochen ist (s. Kap. 2.2). Ausgewählte körperliche Aktivitäten setzen genau hier an. „Selbstregulierende Tätigkeiten wie Yoga, Tai'Chi, Feldenkrais können traumatisierten Mädchen und Jungen einen Weg zeigen, ihren Körper zu spüren, in ihren Körper (sic!) zu bleiben und sich selbst zu beruhigen" (ebd. 179).

Diese Methoden und Aktivitäten finden häufig nonverbal statt und ermöglichen den Kindern und Jugendlichen genau dadurch volle Konzentration auf die Selbstwahrnehmung im Hier und Jetzt. Auch besonders körperbetonte Arten des Musizierens, wie bspw. Singen, Tönen oder Trommeln, eignen sich sehr gut zur ‚Kontaktaufnahme' mit dem eigenen Körper (s. Kap. 2.3): Sie haben eine starke physische Komponente, sind gleichzeitig außerordentlich niedrigschwellig zugänglich und ermöglichen darüber hinaus auch Beziehungsaufbau, denn die „Einbeziehung des Körpers in die professionelle Beziehung bietet sich oftmals eher indirekt an, z. B. über Trommeln bzw. Musikmachen" (Loch 2013, 165). Dieser soziale Aspekt ist dabei nicht auf die professionelle Beziehung beschränkt, sondern umfasst auch die Gruppe. Die genannten Formen der Körperarbeit unterstützen also einerseits Selbstbemächtigung, (selbstregulatorische) Handlungsfähigkeit und Kontrolle sowie andererseits soziale Kontaktaufnahme und Beziehungsarbeit,

> „*wenn dieser [der Körper] durch die erlittene Gewalt fremd oder abgespalten erlebt wird. (...) Beziehungsorientierte Körperarbeit ermöglicht traumatisierten Menschen somit wichtige Erfahrungen im Prozess der Bejahung des Lebens und im Erleben von Sozialität*“ (ebd. 165).

Genau hierin liegt die Rückkehr der Selbstbemächtigung, der Handlungsfähigkeit, der Wahrnehmung und Vertretung des eigenen Standpunkts, der Autonomie und Kontrolle.

2.1.4 Wertschätzende und zugewandte Haltung der professionellen Bezugspersonen

All dies erfordert nicht nur formal adäquat ausgebildetes Fachpersonal und eine strukturelle Verankerung der Traumapädagogik in allen relevanten Bereichen der jeweiligen Einrichtung. Insbesondere eine spezifische innere Haltung des Fachpersonals wird benötigt. Dem Fachverband Traumapädagogik entsprechend stellt diese

> „*eine Grundhaltung dar, die das Wissen um Folgen von Traumatisierung (...) berücksichtigt und ihren Schwerpunkt auf die Ressourcen (...) der Mädchen und Jungen legt. Hierbei bildet eine wertschätzende und verstehende Haltung das Fundament. Traumatisierte Kinder haben Überlebensstrategien entwickelt (...) und diese gilt es in der Funktion und Auswirkung zu verstehen, um ihnen fachlich angemessen begegnen zu können*“ (Lang et al. 2011, 4 f.).

Zentral sind also Wertschätzung, empathisches Verständnis, Akzeptanz und Respekt vor Leid und Lebensleistung der Kinder und Jugendlichen. Deren Zustände und Verhaltensweisen sind im Lichte eben dessen und in der „Annahme des guten Grundes" (ebd. 5) zu betrachten und mit ihnen zu thematisieren. Es ist dies eine wesentliche Komponente der lebensweltorientierten Sozialen Arbeit in der stationären Kinder- und Jugendhilfe: Echte, ernstgemeinte und authentische professionelle Beziehungen aufbauen und erhalten, und dabei gleichzeitig traumasensibel analytisch, geradlinig, einschätzbar und orientierend sein – ohne dadurch die Beziehung zu gefährden. Aus milieutherapeutischer Sicht braucht es für die „Betreuung junger Menschen in stationären Einrichtungen (…) Konzepte, die es ermöglichen auch in schwierigen Situationen und Beziehungsdynamiken handlungsfähig zu bleiben" (Gstättner/Kohl 2016, 56). Eines davon ist eine traumapädagogisch-analytische, wertschätzende, empathische und respektierende Grundhaltung. Zu dieser gehört insbesondere die Fähigkeit und der Wille, eine persönliche, emotionale und authentische Beziehung einzugehen und „gleichzeitig diese durch Fachwissen und Reflexionshaltung zu transzendieren, (…) [was] in allen Feldern der Sozialen Arbeit (…) eine Aufgabe für die psychosoziale und pädagogische Professionalität" (Schulze 2012, 130) darstellt. In der praktischen Arbeit ist dies bspw. vor allem dann herausfordernd, wenn man als BetreuerIn im Rahmen von Übertragungen unvermittelt ‚eine Rolle' innerhalb von Reinszenierungsdynamiken erhält und darin mitunter Teil heftiger Konflikte wird. Hier ist eine professionelle innere Distanz so wie Analyse- und Transferfähigkeit von größter praktischer Bedeutung, sowohl für den/die Jugendliche als auch für den/die Professionelle/n.

2.2 (Neuro-)Physiologie des Traumas

Wir wissen heute, dass eine Traumatisierung, wenngleich grundsätzlich als psychische Verhaltensstörung klassifiziert, eine sehr starke körperliche Komponente hat. Ein Trauma ist eine „Verletzung und nachhaltige Schädigung einer bestehenden Struktur. Das betrifft den körperlichen Bereich (…) ebenso wie den psychischen" (Hausmann 2003, 59). Dies sei nicht verstanden als begleitende Eigenschaft eines psychischen Zustands, der eben bisweilen körperliche Auswirkungen mit sich bringt oder gewisse körperliche Reaktionen auslöst. Es handelt sich bei einer Traumatisierung vielmehr um einen Vorgang, der sowohl in der Psyche als auch – gleichermaßen – im Körper stattfindet (vgl. van der Kolk 2014, 74 ff.). Van der Kolk hat eindrucksvoll aufgezeigt, welche neurophysiologischen Mechanismen eine Traumatisierung konstituieren und wie sehr sich diese in Gehirn und Körper ‚einschreiben'. Er fasst die Auswirkungen eines Traumas hinsichtlich der Wahrnehmung wie folgt zusammen: „Trauma results in a fundamental reorganisation of the way mind and brain manage perception. It changes not only how we think and what we think about, but also our very capacity to think" (ebd. 15). Es kommt also zu einer tiefgreifenden Abwandlung der gesamten Wahrnehmung, der Informationsverarbeitung und des Denkens eines Menschen.

Der Schrecken einer potentiell lebensbedrohlichen Situation wird dabei körperlich empfunden. Der Körper kann während des ursächlichen Ereignisses in einem extremen Maß aktiviert, durch dissoziative Depersonalisation zu einem ‚Fremdkörper' abgespalten oder bis hin zur völligen Teilnahmslosigkeit und Ohnmacht immobilisiert werden. Darüber hinaus und im Nachgang des ursächlichen Geschehens kann er die Empfindungen des erlebten Schreckens im Falle einer Traumatisierung jederzeit und in vollem Umfang wiederholen: „Flashbacks werden als Fragmente der sensorischen Komponenten des traumatischen Ereignisses erlebt, in Form visueller Bilder oder olfaktorischer, auditorischer oder kinästhetischer Empfindungen" (Lanius et al. 2006, 207) – eine konstruierte und/oder traditionelle Trennung zwischen Körper und Geist greift hier schlichtweg nicht.

Porges erklärt dies mit der von ihm formulierten Polyvagaltheorie, die eine neue Sicht auf die Verbindung zwischen autonomem Zustand, also den aktuellen Steuerungsimpulsen des autonomen Nervensystems, und Verhalten ermöglicht (vgl. Porges/Geller 2017, 194 ff.). Die Relevanz dieser Theorie liegt zunächst in der Herausarbeitung zweier getrennter Defensivsysteme. Das Kampf-oder-Flucht-System einerseits, das mit der Aktivierung des sympathischen Nervensystems in Verbindung steht und starke Mobilisation und Wachsamkeit zum Zwecke der Gefahrenabwehr mittels Kampf oder Flucht bewirkt. Andererseits das System zur Immobilisation und Dissoziation, das „Ohnmachtsanfälle, (...) Verhaltens-Shutdown und Dissoziation" (ebd. 196) auslöst. Dissoziation ist hier als die „vorübergehende Abspaltung negativer Gefühlszustände" (Eichenberg/Zimmermann 2017, 87) sowie Erlebenswahrnehmung und -erinnerung in Form von Über- oder Unterspannungsreaktionen zu verstehen. ‚Polyvagal' ist für diese Theorie deshalb namensgebend, da der Nervus Vagus im ihrem Zentrum steht und sie davon ausgeht, dass *zwei* ‚Vagusschaltkreise' existieren. Einer ist der entwicklungsgeschichtlich ältere und mit Defensivverhalten in Verbindung gebrachte dorsale Vaguszweig. „Der andere ist (...) später entstanden, existiert nur bei Säugetieren und wird mit physiologischen Zuständen assoziiert, die mit einem Gefühl der Sicherheit und mit spontanem sozialen Verhalten verbunden sind" (Porges/Geller 2017, 195).

Dieser bedeutend jüngere Teil des Vagusnervs, nämlich der von einer Myelinscheide umgebene und dadurch in der Impulsweitergabe schnellere und leistungsfähigere ventrale Vaguszweig, ist für Traumapädagogik und Soziale Arbeit besonders relevant, da er mit sozialem Verhalten und Kommunikation (i. e. Mimik, Vokalisierung und Stimmmelodie, Zuhören, Blickkontakt) auf einer autonomen Ebene in

Verbindung steht. Porges nennt dies das ‚System für soziales Engagement' (i. e. Social Engagement System), das auf einer neuronalen Verbindung „zwischen Herz und Gesicht [basiert], die das Herz mit den Muskeln des Gesichts und des Kopfes koordiniert" (Porges 2017, 219). Es bildet damit die Grundlage für Mimik, Hören und Sprechen, also für sozial wirksame visuelle und auditive Kommunikation. Das Social Engagement System reguliert als bidirektionales System dadurch auch Körperzustände, sodass die Fähigkeit von Menschen zu sozialer Interaktion von einem ruhigen physiologischen Zustand und dem unbedingten Gefühl von Sicherheit abhängt (vgl. ebd. 27) – sind diese Faktoren nicht gegeben, kann ein Mensch nicht oder nur sehr eingeschränkt sozial interagieren.

Durch Neurozeption, einer fortlaufenden autonomen Evaluation der aktuellen Situation hinsichtlich Sicherheit, Gefahr und Lebensbedrohung, werden die unterschiedlichen Systeme aktiviert, und zwar in einer ihrer Phylogenese entgegengesetzten Reihenfolge. Folglich kann der „neueste autonome Schaltkreis, der mit sozialer Kommunikation assoziiert wird, die älteren, unwillkürlichen Schaltkreise, die für die Defensivstrategien (...) eine Rolle spielen, hemmen" (Porges/Geller 2017, 196). Im Zusammenhang mit der Erkenntnis der Existenz zweier verschiedener Vaguszweige kommt die Polyvagaltheroie darüber hinaus zu einer noch entscheidenderen Schlussfolgerung: Sie geht davon aus, „dass körperliche resp. physiologische und geistige resp. psychologische Prozesse fließend miteinander zusammenhängen. Das heißt sowohl körperliche Prozesse beeinflussen die Psyche als auch umgekehrt" (Schönthal 2016, 26). Dies geschieht durch reziproken neurophysiologischen bzw. neuronalen Signalaustausch, welcher vom autonomen Nervensystem gesteuert wird (i. e. Bottom-Up- bzw. Top-Down-Ansatz; vgl. Ogden et al. 2006, 234 f.).

Die Psyche ist demzufolge über den Zugang ‚Körper' sowohl erreichbar als auch veränderbar, somit besteht auch die Möglichkeit der Beruhigung physiologischer Über- oder Untererregung durch soziale Interaktion und Beziehung im Rahmen des Social Engagement Systems – i. e. durch Blickkontakt, Wahrnehmung einer freundlichen Stimme und das Spüren von zugewandter Nähe (vgl. Schönthal 2016, 33 ff.; Levine 2011, 22 ff.). Eine mögliche negative Auswirkung dessen ist jedoch, dass physiologische Zustände die Fähigkeit des Menschen, mit Herausforderungen der Umwelt umzugehen, auch beschränken können, was bspw. bei Traumafolgen wie Über- oder Untererregung, Aggressivität, Ruhelosigkeit und Angstzuständen der Fall ist. Das autonome Nervensystem ist also diesbezüglich sehr einflussreich und reguliert selbständig physiologische Zustände, um entweder soziale Interaktion, gefahrenabwehrendes oder überlebenssicherndes Verhalten zu ermöglichen.

Dies macht evolutorisch Sinn, denn es sind häufig der Körper und dessen Unversehrtheit und Integrität, die durch potentiell traumatisierende Ereignisse zuvorderst bedroht sind: Bei Naturkatastrophen, Krieg, Folter, Unfällen, Überfällen und (sexueller) Gewalt drohen in erster Linie dem Körper großer Schaden oder komplette Zerstörung. Selbst bei einer Traumatisierung aufgrund psychischer Gewalt oder Folter, schwerer emotionaler Vernachlässigung oder Verwahrlosung (bspw. im sozialen Nahraum) sieht sich das Opfer letztendlich immer einer massiven Bedrohung der realen physischen Überlebenschancen ausgesetzt. Wohlwollende und liebevolle Bezugspersonen bspw. sind für Kinder nicht nur psychisch, sondern auch *physisch* überlebenswichtig (vgl. Miller 1983, 137 ff.). Eine instabile, dysfunktionale oder aggressive Bezugsperson bzw. Eltern-Kind-Beziehung ist somit aus der Perspektive des vollständig abhängigen (Kleinst-)Kindes potentiell lebensbedrohlich. Psychische oder emotionale Gewalt schädigt das innerpsychische Gleichgewicht und damit die Fähigkeit des gesamten Organismus, sich in der Welt zurechtzufinden, situationsadäquat zu reagieren und Gutes von Schädlichem zu unterscheiden (Trauma Typ II).

Folgerichtig setzt der Mensch also in einer derart bedrohlichen Situation automatisch und ohne dies steuern zu können Notfallreaktionen in Gang, welche die Gefahr abwehren und das Überleben sichern sollen. Psyche und Körper tragen im entsprechenden Fall gemeinsam dazu bei, die Bewältigungschancen in einer solchen Situation zu erhöhen. Kampf- und Fluchtreaktionen sowie Immobilisation stellen also Verhaltensweisen dar, die jedes gesunde menschliche Gehirn und jeder gesunde menschliche Körper autonom aktivieren kann und die zurückgehen auf Verhaltensweisen unserer evolutorischen Vorfahren, von den Säugetieren bis zurück zu den Reptilien. Sie haben sich in deren Überlebenskampf bewährt und wurden somit Teil unseres evolutorisch-genetischen Erbes (vgl. Levine 2011, 276 ff./305 ff.).

Die hierfür relevanten Bereiche des menschlichen Gehirns sind im Wesentlichen drei, weshalb in diesem Zusammenhang auch vom ‚Dreieinigen Gehirn' (vgl. Ogden et al. 2006, 41) die Rede ist. In ihrer räumlichen Position sind diese drei Einheiten von unten nach oben der stammesgeschichtlichen Entwicklungschronologie des Menschen entsprechend angeordnet (vgl. van der Kolk 2014, 55 ff.). Die erste relevante Funktionseinheit ist das der sensumotorischen Verarbeitung dienende und zum zentralen Teil des autonomen Nervensystems gehörende Stammhirn (i. e. ‚Reptiliengehirn'). Sensumotorisch bedeutet neben der Steuerung basaler körperliche Grundfunktionen wie Herzschlag, Verdauung, Temperatur, Atmung und Stoffwechsel (i. e. Homöostase) auch „physische und sensorische Reaktionen, Empfindungen und Bewegungen" (Lanius et al. 2006, 204) sowie die Steuerung des Arousal. Der zweite relevante Bereich ist das für Affekt- und Emotionsverarbeitung sowie Gedächtnis, Lernen und Teile des sozialen Verhaltens zuständige ‚Säugetiergehirn' (i. e. paläomammalisches Gehirn) bzw. Limbische System, das u. a. aus Hippocampus, Amygdala (i. e. Mandelkern) und dem im Zwischenhirn angeordneten Hypothalamus besteht. Dessen wesentliche Aufgabe wiederum ist, das autonome Nervensystem u. a. durch die Ausschüttung von

(Stress-)Hormonen zu steuern. Insbesondere im Kontext von Traumatisierung relevant ist dabei die Funktion des Hippocampus, der für das deklarative Gedächtnis wichtig ist in Form der Verarbeitung und Chronologisierung von Informationen des Kurzzeitgedächtnisses und deren Transfer in das Langzeitgedächtnis in Gestalt chronologisierter und emotional bewerteter Erinnerungen (vgl. van der Kolk 2014, 69; Hantke/Görges 2012, 33). Er kommuniziert bidirektional sowohl mit der Amygdala als auch mit dem darüber liegenden Kortex und ist aufgrund der zentralen Gedächtnisfunktion, die durch traumatische Erlebnisse gestört werden kann, an der Ausbildung von bspw. PTBS maßgeblich beteiligt (vgl. Lanius et al. 2006, 216).

Die traumatologisch wichtige Funktion der Amygdala innerhalb des Limbischen Systems ist eine alarmierende. Vom Thalamus – jenem Gehirnteil, der alle Wahrnehmungsinformationen zu einem aktuellen Gesamtbild zusammenfügt (vgl. van der Kolk 2014, 60 ff.) – werden ihr fortlaufend alle sensorischen Informationen der aktuellen Situation zur emotionalen Bewertung und ggf. Wiederkennung ‚vorgelegt'. Sie ‚schlägt Alarm', wenn diese (oder Teile davon) von ihr nicht als sicher, sondern als gefährlich oder lebensgefährlich eingestuft werden (i. e. Neurozeption; vgl. Porges 2010, 30). Die Bewertung einer Situation als (lebens-)gefährlich führt anschließend zunächst dazu, dass der gesamte Organismus aktiviert und vom Hypothalamus durch Ausschüttung von Stresshormonen auf ein hohes Energieniveau angehoben wird (i. e. Arousal), sodass Kampf-oder-Flucht-Reaktionen durchführbar sind (vgl. van der Kolk 2014, 60 ff.). Bleiben diese ohne Erfolg, so folgt die komplette Immobilisation (i. e. Freeze-Zustand oder Shut-Down), in welcher Körper und Psyche, einem ‚Überspannungsschutz' gleich, alle Funktionen weitgehend abschalten. „In diesen Zuständen wird das Geschehen (…) oft noch wahrgenommen (…) Ein willentlicher Zugriff auf die Muskulatur ist aber nicht mehr möglich. Man sieht zu und kann nichts ändern" (Hantke/Görges 2012, 61).

Der evolutorisch am höchsten entwickelte und jüngste Teil des Gehirns ist schließlich der Neokortex als Teil der Großhirnrinde (i. e. Kortex), der v. a. für Kognition, Entscheidungen, bewusstes Wahrnehmen, Ich-Erleben und sprachliche Verarbeitung (vgl. ebd. 59) verantwortlich ist und zu dem wesentliche Teile des die beiden Hirnhälften miteinander verbindenden Corpus callosum (i. e. Balken) gehören (vgl. Lanius et al. 2006, 204). Jede einzelne dieser drei Informationsverarbeitungsebenen des Gehirns hat eine eigenständige Wahrnehmung der Umgebung und

> „*reagiert dementsprechend, sodass eine bestimmte Ebene die übrigen je nach Umgebungsbedingungen »ausschalten« (...) kann. (...) [Sie] interagieren und beeinflussen einander gleichzeitig (...) als ein Ganzes, wobei der Integrationsgrad jeder einzelnen (...) die Wirksamkeit der anderen (...) beeinflusst*" (ebd. 204).

Kommen Notfallreaktionen in Gang, wird die „Versorgung der Großhirnrinde, die für diese arterhaltenden Programme nicht gebraucht wird, heruntergefahren" (ebd.), d. h. das tatsächliche ‚Denken' tritt in den Hintergrund und die phylogenetisch älteren Verhaltensprogramme übernehmen die Handlungshoheit. Da es sich bei traumatischen Ereignissen um für einen Organismus extrem und außergewöhnlich belastende Situationen handelt, ist das Limbische System – speziell der Hippocampus – nicht mehr in der Lage, das Geschehen synchron zu verarbeiten und als chronologisch geordnete und emotional bewertete Erinnerung abzuspeichern. Das furchtbare Ereignis und dessen bewusstes Erleben wird vielmehr dissoziiert, abgespalten und fragmentiert. Die Verarbeitung des Geschehens hin zu einer Erinnerung wird unterbrochen und ein erneutes Durchleben und psychisches sowie insbesondere physisches Wahrnehmen des Schreckens in dessen Nachgang – ausgelöst durch mit diesem in Zusammenhang stehende ‚Trigger' – wird begünstigt. Dies kann einer traumatisierten Person jederzeit und unkontrolliert wiederfahren (i.e. Intrusionen und Flashbacks). „The overwhelming experience is split off and fragmented, so that emotions, sounds, images, thoughts, and physical sensations related to the trauma take on a life of their own" (van der Kolk 2014, 66). Durch traumainduzierte Über- oder Unteraktivierung der Amygdala kann es darüber hinaus zu einer nicht mehr adäquat funktionierenden Neurozeption kommen. Das bedeutet, dass sichere oder gefährliche Situationen nicht mehr realistisch eingeschätzt und unterschieden werden können. „Eine unzuverlässige Neurozeption kann an Orten Gefahren wittern, wo diese nicht existieren, oder Signale für Sicherheit orten, wo tatsächlich Gefahr besteht" (Porges 2017, 218). Die PTBS-Forschung legt dabei nahe, dass eine dysfunktionale Neurozeption der Amygdala auch traumabasierte Reinszenierungen ermöglicht wie bspw. Konstellationen, in denen „chronisch traumatisierte Klienten in ihrem Leben weiterhin Beziehungen zu Menschen anknüpfen, die sie mißhandeln (sic!) oder mißbrauchen, ohne daß sich die Betroffenen über die (...) Risiken im Klaren sind" (Lanius et al. 2006, 213).

2.3 (Neuro-)Physiologie der Musik

Um zu erörtern, ob nun Musik innerhalb der vorgenannten Systematik der Traumapädagogik und Neurophysiologie einer Traumatisierung eine positive Wirkung erzeugen kann, ist der Blick zunächst auf die grundsätzlichen körperlichen und psychischen Wirkungsdimensionen von Klang- und Musikerleben zu richten. Dies sei hier im Speziellen auf den aktiven Teil bezogen, also auf das Musizieren insbesondere in einer Gruppe, und geschieht aus einer sozialpädagogisch funktionalen Perspektive heraus. Es nutzen auch „Ärzte, Therapeuten und Pädagogen die Macht der Klänge: Musik kann Schmerzen lindern, Erinnerungen wachrufen, psychische Barrieren überwinden und Kommunikation ermöglichen" (Herden 2011, 2).

Letztere insbesondere dann, wenn Worte nicht (mehr) zur Verfügung stehen oder Sprachfähigkeit ganz oder teilweise, dauerhaft oder temporär nicht (mehr) gegeben ist (vgl. Herden 2011, 6). Genau dies kann bei einer Traumatisierung der Fall sein: Van der Kolk hat durch bildgebende Verfahren aufzeigen können, dass bspw. während des hochdissoziativen Zustands der Depersonalisation oder des ‚Freeze' beträchtliche Teile des Gehirns ein extrem reduziertes Aktivitätsniveau aufweisen (vgl. van der Kolk 2014, 68 ff.). Darüber hinaus konnte bei ähnlichen Messungen der Hirnaktivität während einer speziell zu diesem Zweck durchgeführten verbalen Konfrontation mit einem vergangenen traumatischen Ereignis eine sehr ausgeprägte Aktivitätsreduktion des sog. Broca-Areals festgestellt werden. Dies ist ein wichtiges Sprachzentrum des menschlichen Gehirns und van der Kolk spricht in diesem Kontext deshalb von „speechless horror" (van der Kolk 2014, 43), dem sprachlosen oder sprachlos machenden Schrecken.

Die Betrachtung der neurologischen und psychologischen Musikverarbeitung erfordert zunächst eine grundsätzliche Annäherung an den bzw. Eingrenzung des Musikbegriff/s. Phänomenologisch ist Musik in ihrem Kern „reine Mathematik – berechenbare Luftschwingungen, deren Frequenzen sich nach physikalischen Regeln überlagern" (Bethge 2003, 130). Diese Luftschwingungen (i. e. Schallwellen) werden durch das menschliche Ohr dergestalt aufgenommen, als die mechanischen Anteile der Anatomie des Ohres (i. e. Trommelfell, Gehörknöchelchen) durch die Schallwellen ebenfalls in Bewegung versetzt werden – sie resonieren. „Erreichen sie [die Schallwellen] das Ohr, entstehen, abhängig von der Frequenz und Intensität der Schwingungen, Hörempfindungen. Das Gehör ist also im Prinzip ein Bewegungsmelder" (Hellbrück 2011, 17), der diese mechanischen Bewegungen in neuronale Signale an das Gehirn transformiert. Dabei ist die „biologische Bedeutung des Hörsinns nicht das Musikhören, sondern die Ortung von Schallquellen in der Umwelt. Diese hochautomatisierte Fähigkeit war in den Anfangszeiten der menschlichen Entwicklung überlebenswichtig" (ebd. 17). Dennoch geschieht im Rahmen der Verarbeitung von Musik im menschlichen Gehirn „eine Art Wunder: Mathematik verwandelt sich in Gefühl" (Bethge 2003, 130). Musik ist

> „*one of the richest human emotional, sensory-motor, and cognitive experiences. It involves listening, (...) feeling, moving and coordinating (...) and (...) is frequently accompanied by strong emotions (...) A large number of (...) brain regions are involved in music listening and music making activities*" (Altenmüller/Schlaug 2015, 237).

Wie kommt diese umfassende Wirkung zustande? Die neuronalen Impulse werden vom Hörnerv an den Hirnstamm weitergeleitet und von dort an ist eine Vielzahl von Gehirnarealen an der umfänglichen neuronalen Verarbeitung von Musik beteiligt (Bethge 2003, 135). Diese sind bspw. im Großhirn u. a. primärer und sekundärer auditorischer, inferior-frontolateraler sowie dorsolateral-präfrontaler Kortex und Gyrus temporalis superior (Koelsch/Schröger 2011, 401). Im genannten auditorischen Kortex werden akustische Spezifika wie Tonhöhe, Klangfarbe oder Timbre identifiziert und „bereits ein einziger Ton [kann] bedeutungstragende Information (...) vermitteln (...) Das heißt, dass basale akustische Parameter uns manchmal schneller semantische Informationen übermitteln können als Sprache" (ebd. 394).

Das ist insofern wesentlich, als Ton und Klang offenbar äußerst wirkungsvolle Medien zur Übermittlung von Botschaften, von Sinn und Sinnzusammenhängen sind – auch ohne Worte. Unter Anwendung bildgebender Verfahren wurden bzgl. durch Musik entstehender Emotionen „Aktivierungen limbischer und paralimbischer Strukturen (Amygdala, Hippocampus, parahippocampaler Gyrus, Insel, Temporalpole, ventrales Stratium, orbitofrontaler Cortex und cingulärer Cortex) (...) besonders häufig gemessen" (Kreuz 2011, 564). Das bedeutet, dass noch *vor* einer Verarbeitung im auditorischen Kortex die akustischen Signale als neuronale Impulse von Colliculi inferiores (im Hirnstamm) sowie Thalamus und Limbischem System auf Unbehagen bzw. Gefährlichkeit hin überprüft und im Zweifelsfall von Amygdala und auch Orbitofrontalkortex (u. a. emotionale Bewertung und emotionales Verhalten) verarbeitet werden (vgl. Koelsch/Schröger 2011, 394). Sie sind damit Teil jener großen Informationsmenge, die der Porges'schen Neurozeption unterliegen. Dies zeigt, dass „emotionale Reaktionen auf Musik Hirnareale weit unterhalb der Hirnrinde einschließen, die evolutionsgeschichtlich mit dem Übergang zwischen Reptilien und reptilienartigen Säugetieren vor mehr als 180 Millionen Jahren verbunden sind" (Kreutz 2011, 552). Somit werden nicht nur ‚Geräusche' sondern auch Musik im Rahmen der Neurozeption ‚überprüft' und Musik trägt damit – abhängig von der spezifischen emotionalen Bewertung der Klänge – zwangsläufig auch das Potential in sich, nicht nur Beruhigung und Wohlbefinden, sondern auch Unbehagen, Angst oder gar Notfallreaktionen auszulösen. Man denke hier bspw. an ein bestimmtes Lied, eine bestimmte Melodie oder einen bestimmten Rhythmus als Bestandteil einer traumatischen Situation und eine entsprechende traumatologische Triggerfunktion in deren Nachgang.

Bzgl. der Musikverarbeitung im Großhirn befindet sich im linkshemisphärischen Teil des inferior-frontolateralen Kortex das bereits genannte Broca-Areal, jenem physiologischen Ort des ‚speechless horror', der v. a. mit der Aufschlüsselung der musikalischen Syntax befasst ist. Diese ist die melodische, harmonische, rhythmische und metrische Struktur eines Klanges, sei dieser nun gesprochen, gesungen, instrumentell oder anderweitig erzeugt. Auch in diesem Areal löst Musik somit große Aktivität aus, da es musikalische Stimuli gleichsam dekodiert und diese sogar schneller verarbeitet als Sprache. Darüber hinaus ist das Broca-Areal entwicklungspsychologisch bereits weit vor dem Erlernen der Sprache mit der Verarbeitung von Musik befasst, und zwar unabhängig davon, ob ein Kind Zugang zu Musikunterricht o. ä. hat oder nicht (vgl. Bethge 2003, 140). Die „musikalischen Fähigkeiten des Menschen hatten wahrscheinlich schon bei der Evolution von Sprache eine Schlüsselrolle." (Koelsch/Schröger 2011, 393). Verwiesen sei dabei insbesondere „auf die (…) Prosodie, jene Betonung und Rhythmik, die jeder Sprache innewohnt und die emotionale Botschaft des Gesprochenen transportiert" (Bethge 2003, 140). Das wiederum bedeutet, dass Prosodie, also Sprechrhythmik, Betonung und Satzmelodie, der Musikanteil im Sinne der musikalischen Syntax der Sprache ist und damit in erster Linie dafür verantwortlich, emotionale Botschaften zu kodieren, die dann gemeinsam mit den tatsächlichen Worten eben u. a. im Broca-Areal dekodiert werden. Porges rechnet dabei Prosodie, genau wie Mimik, dem Social Engagement System bzw. prosozialen Verhalten zu (vgl. Porges 2017, 91) und sieht in ihr eine hocheffektive Möglichkeit zur Beruhigung und Co-Regulation über- oder untererregter Menschen über den ventralen Vaguszweig.

Wenn Prosodie nun Sprache in Form von Rhythmik, Melodik und Betonung gleichsam ‚musikalisiert' und *dadurch* erst die Übermittlung emotionaler Inhalte und Botschaften ermöglicht wird – innerhalb der Polyvagaltheorie eben ein wirkungsvolles Mittel zur Neurozeption der Sicherheit (vgl. ebd. 202) – was steht dann zu erwarten, wenn Musik auch unabhängig von Sprache zur Wirkung kommt? Der Musikwissenschaftler Gunter Kreutz konnte bspw. bei Messungen während des Hörens von Musik Veränderungen im Herz-Kreislauf-System feststellen, insbesondere hinsichtlich der respiratorischen Sinusarythmie bei fröhlichen oder traurigen Stücken: „Dieses Maß zeigt den Einfluss des Vagus-Nervs auf die Herztätigkeit an. Es ergaben sich schließlich deutliche Hinweise auf Anpassungsreaktionen im Verlauf der Hördarbietung im Sinne einer zunehmenden Entspannung" (Kreutz 2011, 562).

Der Musiker und Musikwissenschaftler Eckart Altenmüller wiederum nähert sich dem Topos aus einer funktionalen Perspektive und nennt Musik deshalb „eine der großen Möglichkeiten, Bindungen und Verbindungen mit Menschen herzustellen. Das gehört zu unserer genetischen Ausstattung. Musik ist so ein untrennbarer Teil des Menschen“ (Altenmüller 2015). In diesem speziellen Zusammenhang erscheint es in meinen Augen adäquat, die der Sprache eigene Prosodie als *Teilmenge* von Musik zu betrachten, woraus eines folgt: Adäquat ausgewählte Musik *muss* sich im Rahmen der Polyvagaltheorie positiv auswirken auf traumatisierte Menschen, womöglich vergleichbar mit der zugewandten, einfühlsamen Ansprache einer traumatisierten Person durch eine andere, solange Triggerfunktionen und emotional negative, individuelle Bewertungen des Klanges umgangen werden können. Porges selbst hält akustische Charakteristika für einen der „wirksamsten Trigger (…) der Neurozeption (…) In *Peter und der Wolf* werden die freundlichen (…) Charaktere grundsätzlich von (…) Geigen (…) und Oboe repräsentiert (…) das Auftauchen des Raubtiers (…) generell durch tiefe Töne“ (Porges 2017, 44). Gleichzeitig gibt es dennoch große individuelle Unterschiede in der Wahrnehmung, Verarbeitung und emotionalen Bewertung von Musik, denn „eine Herausforderung ist und bleibt, dass jedes Hirn Musik anders hört und (…) auch anders macht (…) [,] das hängt ganz stark mit der eigenen Lebensgeschichte zusammen“ (Altenmüller 2015).

Die Wirksamkeit von Musik bedeutet somit auch eine „Vitalisierung des Hörers durch die Aktivität des vegetativen Nervensystems (…) im Zusammenhang mit der Integration musikalischer (…) Inhalte in sog. Assoziationskortizes des Gehirns“ (Koelsch/Schröger 2011, 408). Es bleibt also festzustellen, dass das Gehirn Musik und Sprache sehr eng miteinander verwebt. Wenngleich die Verarbeitung von Sprache grundsätzlich eher linkshemisphärisch, jene von Musik eher rechtshemisphärische gewichtet ist: Oft sind „beide Hemisphären in die Verarbeitung sowohl von Sprache als auch von Musik involviert. Aus evolutionärer Sicht baut Musik daher nicht auf der Entwicklung von Sprache auf, sondern Musik ist tatsächlich Grundlage von Sprache“

(ebd. 409 f.). Folgt man dieser Logik konsequent, dann *muss* Musik hochwirksam sein gegen den trauma-induzierten ‚speechless horror'.

Neben Melodie sind Rhythmik und Metrik wesentliche Bestandteile der Prosodie, was nunmehr zum Thema Rhythmus als integralem Strukturmerkmal von Musik und Klang führt. Der Satz „Wir hören eine Melodie, aber wir fühlen den Rhythmus" (Fischinger/Kopiez 2011, 458) bringt im Wesentlichen auf den Punkt, was Rhythmik für den Menschen so besonders macht: Die starke und vordringlich *körperliche* Erfahrung des Rhythmus ermöglicht es vielen Menschen auch ohne jegliche (formale) musikalische Vorbildung, einen unmittelbaren Zugang zu Musik zu erlangen (vgl. ebd. 458). Neben einer Beeinflussung von Gedanken und Gefühlen durch Musik wird außerdem der Bewegungssinn des Menschen in Gestalt sensumotorischer Schemata eben insbesondere durch Rhythmus stimuliert: „Bei besonders mitreißenden Rhythmen wird durch die starke Kopplung zwischen auditiver Wahrnehmung und Handlung bzw. zwischen sensorischem Input und motorischem Output der gesamte Körper in Bewegung gesetzt" (ebd. 469). Dies kann sowohl eine passive als auch eine aktive Form annehmen, denn der Weg vom mitwippenden Fuß, vom auf den Tisch klopfenden Finger oder vom Fingerschnippen beim Hören von Musik hin zum Schlagen eines Naturfellinstruments wie Conga, Bongo oder Djembe mit den Fingern oder der flachen Hand – der Weg hin zum aktiven Musizieren also – ist nicht weit. Ähnlich wie bei ‚fröhlichen' oder ‚traurigen' Musikstücken wirkt sich dabei ein schnelles Tempo in Form von Assoziationen bzw. Empfindungen wie „Aufregung, Heiterkeit, Freude, (…) Ärger und Angst [aus], während ein langsames Tempo eher mit dem Ausdruck von Ruhe, Erhabenheit, Empfindlichkeit, Traurigkeit, Langeweile oder auch Ekel" (ebd. 467) in Verbindung steht.

Rhythmisches Musizieren hat dabei insbesondere einen sozialen Bindungseffekt durch die Synchronisation musikalischer Syntax und körperlicher Bewegungen. Untersuchungen zeigten, „how the use of drums and drumming with adolescents helps creating a sense of community, reconnecting with history and heritage, promoting healing, educating, and celebrating rites of passage in adolescence“ (Davis 2010, 128). Wieder einmal dient an dieser Stelle Porges‘ Polyvagaltheorie dem Verständnis, wenn sie mittels der nachgewiesenen, sehr engen Kopplung zwischen Körper und Psyche durch die Vagusnerven im autonomen Nervensystem erklärt, warum nonverbale und körperbetonte Methoden bei traumatisierten Menschen so wirksam sind. Damit sind ethnologisch teilweise uralte Ansätze zur Steigerung bzw. Wiederherstellung psychischer Gesundheit, sozialer Rückbindung und Selbstheilungsressourcen angesprochen, die in der alltäglichen Lebenspraxis westlicher industrialisierter Gesellschaften kaum noch eine Rolle spielen (i. e. Atemübungen, Yoga, *gemeinsames* Trommeln, Singen und Musizieren u. v. m.): „They all rely on inter-personal rhythms, visceral awareness, and vocal and facial communication, which help shift people out of fight/flight states, reorganize their perception of danger, and increase their capacity to manage relationships“ (van der Kolk 2014, 86). Es bleibt also die Relevanz der emotionalen Wirkung von Musik zurück hinter ihrer sozialen Bindekraft „im Singen, Tanzen und Musizieren (…) Es bleibt zu vermuten, dass die Musik dann ihre größte Wirkung hat, wenn sie dazu dient, dass sich Menschen zu friedlichen Gemeinschaften versammeln und in liebevoller Absicht miteinander umgehen“ (Kreutz 2011, 567).

3. Ein Rhythmusworkshop als nonverbale traumapädagogische Intervention

Vor dem Hintergrund diesen Wissens stellt sich die Frage, wie traumapädagogische Ziele hinsichtlich der Steigerung und Freisetzung von (Selbst-)Heilungsressourcen gewalterfahrener und/oder traumatisierter Jugendlicher mittels einer nonverbalen traumapädagogischen sowie musikalisch-rhythmischen Intervention in der Alltagswelt der Gruppe im Rahmen einer stationären Kinder- und Jugendhilfeeinrichtung zu erreichen sind und wie konzeptionell entsprechend vorzugehen ist. Hierfür werden die Spezifika traumapädagogischen Arbeitens in der stationären Kinder- und Jugendhilfe sowie der (Neuro-)Physiologie der Traumaentstehung und Musikverarbeitung und -wirkung zueinander in Bezug gesetzt und daraus Ziele und konzeptionelle Rahmenbedingungen für einen Rhythmusworkshop mit einer Gruppe Jugendlicher in der stationären Kinder- und Jugendhilfe abgeleitet. Diese Konzeption, Implementierung und Durchführung des Rhythmusworkshops soll wesentlich beitragen zur Steigerung der (Selbst-)Heilungsressourcen denn: „Musik (…) kann (…) mit unterschiedlichen Methoden als Zugang für (…) Jugendliche genutzt werden, um sich mit eigener und fremder Gewalt auseinanderzusetzen (…) [und] um Probleme zu bearbeiten und Trost zu finden“ (Jank 2015, 481 f.). Damit richtet sich die Intervention gezielt an Jugendliche, die traumatologisch spezifisches Verhalten wie bspw. Aggressivität, Lethargie, Stressreaktionen, Intrusionen, Flashbacks oder auch Substanzmissbrauch zeigen – sofern nicht ohnehin eine relevante Diagnose vorliegt.

Bei einer möglichen künftigen Evaluation des Rhythmusworkshops kommt diesen Auswahlkriterien eine wesentliche Bedeutung zu, deshalb sollte in diesem Fall auch mit den GruppenleiterInnen und/oder BezugsbetreuerInnen Kontakt aufgenommen werden um zu eruieren, für wen der Rhythmusworkshop möglicherweise gut geeignet wäre.

Die auf diese Weise erarbeitete Intervention wurde zwischen Ende September 2017 und Januar 2018 in Form eines wöchentlich stattfindenden Rhythmusworkshops mit einer Gruppe stationär betreuter Jugendlicher des Campus Christophorus Jugendwerk fortlaufend durchgeführt. Sie verfolgt dezidiert intrapsychische und soziale traumapädagogische Ziele auf Basis von Erkenntnissen aus Sozialer Arbeit, Traumatologie und -pädagogik sowie Musikpsycho- und -physiologie, welche im Folgenden integriert hergeleitet werden. Der Workshop nutzt dabei rhythmisches Musizieren in der Gruppe als niedrigschwellige Methode zur Zielerreichung. Der hier verwendete Musikbegriff geht davon aus,

> „*dass jeder Mensch in der Lage ist, Musik für sich zu erleben und sich auch musikalisch (...) ausdrücken kann (...) Die Ursprünglichkeit des Umgangs mit Musik (...) trotz unterschiedlicher Begabungen (...) ist ein entscheidender Unterschied [musikalischer Sozialen Arbeit] gegenüber der Schulmusik*" (Jank 2015, 483).

Die Größe der Gruppe ist für die Erreichung der gesteckten Ziele von Relevanz und mit vier bis sechs Teilnehmenden optimal, da eine zu kleine Gruppe (ca. zwei bis drei Teilnehmende) den musikalischen Spielprozess und die Gruppendynamik nicht voll ausbilden können (vgl. Ding 2013, 209). Ein Gruppe von mehr als sechs Jugendlichen mit gewalterfahrungs- oder traumaspezifischem Verhalten wird wiederum nur schwer im Sinne der traumapädagogischen Ziele stabilisierbar sein. Das Angebot ist konzipiert für alle in der Anschlusshilfe (§ 34 SGB VIII) lebenden Jugendlichen, da insbesondere für die Beziehungs- und Vertrauensarbeit sowie für das Entstehen einer tragfähigen Gruppendynamik eine Kontinuität der TeilnehmerInnen erforderlich ist. Der Bereich Inobhutnahme nach § 42(a) SGB VIII eignet sich insofern nur bedingt dafür, da er naturgemäß von einer unter diesen Gesichtspunkten zu hohen Fluktuation der BewohnerInnen geprägt ist. Sowohl konzeptionell als auch hinsichtlich der Anwerbung für die Teilnahme wird dabei innerhalb der Anschlusshilfe bewusst nicht zwischen unbegleiteten minderjährigen Geflüchteten (UMG) und deutschen Jugendlichen unterschieden. Der Rhythmusworkshop stellt konzeptionell einen *nonverbalen* traumapädagogischen Kommunikations-, Interaktions- und Beziehungsraum in der Alltagswelt dar und ist deshalb von etwaigen Sprachbarrieren unberührt, somit also für beide Gruppen gleichermaßen geeignet.

Die Auswahl der Instrumente ist auf Naturfell- und Percussioninstrumente beschränkt, die alle mit bloßer Hand gespielt werden können, da ein niedrigschwelliger, natürlicher und intuitiver Zugang zu den Instrumenten gewährleistet werden soll (s. Kap. 2.3). Es ist wichtig, im musikalischen Selbstausdruck und in der musikalischen Interaktion ohne ‚Bindeglieder' zwischen Mensch und Instrument wie Sticks, Elektronik oder Vorwissen bzw. Einweisung auszukommen. Vielmehr soll eine intuitive, minimalistische und genau dadurch essentielle Ausdrucksmöglichkeit zur Verfügung gestellt werden. Die verwendeten Instrumente sind deshalb zwei Djemben und zwei aufgeständerte Congas mit jeweils unterschiedlichen Felldurchmessern, zwei Paar Bongos, eine Cajon, eine Darbuka, ein Tamburin und ein Guiro sowie jeweils ein Paar Klangstäbe, Maracas und White Shakers. Ergänzt wird das Set durch acht Boomwhackers und eine Klangschale. Um die Erreichung der traumapädagogischen Ziele des Musizierens in der Gruppe, wie u. a. nonverbale musikalische Kommunikation und (Co-)Regulierung zu ermöglichen, basiert der Rhythmusworkshop auf dem musikalischen Prinzip der Improvisation: „The greater part by far of musical improvisation is an explicitly social activity, where performers creatively interact and [nonverbally] communicate with each other“ (Brattico/Tervaniemi 2006, 311).

3.1 Zielsetzung des Rhythmusworkshops

Der Rhythmusworkshop ist grundsätzlich konzipiert, um die (Selbst-) Heilungs- sowie persönlichen Stabilisierungs- und Regulationsressourcen von Jugendlichen zu stärken bzw. wiederherzustellen, deren Biographien von Gewalterfahrungen und/oder Traumatisierungen geprägt sind. In der stationären Kinder- und Jugendhilfe leben besonders viele diesbezüglich bedürftige Jugendliche (vgl. Gstättner/Kohl 2015, 55; Gahleitner 2013, 47; Kap. 2.1), weshalb sich die Intervention zunächst grundsätzlich an alle in der stationären Kinder- und Jugendhilfe bzw. im konkreten Fall der Praxiserprobung im Campus Christophorus Jugendwerk lebenden Jugendlichen richtet(e). Die Verortung dieser im sozialen Nahraum der jeweiligen Einrichtung ist dabei unter Gesichtspunkten milieutherapeutischer, lebensweltlicher und traumapädagogischer Sozialer Arbeit (s. Kap. 2.1) sinnvoll. Das Vorhandensein einer einschlägigen Diagnose wie bspw. PTBS o. ä. stellt dabei in keiner Weise eine Zugangsvoraussetzung dar, es werden bewusst auch Jugendliche außerhalb einer psychiatrisch-diagnostischen Bewertung angesprochen und einbezogen.

Die Ziele beziehen sich implizit auf die in Kap. 2.1.1 ff. formulierten wesentlichen Ressourcen traumapädagogischen Arbeitens in der stationären Kinder- und Jugendhilfe, operationalisieren diese jedoch unter Gesichtspunkten der Wirksamkeit von Musik und Musizieren, sodass eine im Vergleich zu Kap. 2.1.1 ff. abgewandelte Strukturierung der Zielsetzung erforderlich ist. Obwohl in der praktischen Umsetzung im Campus Christophorus Jugendwerk ausschließlich männliche Jugendliche teilnahmen, ist aufgrund der intendierten Universalisierbarkeit weiterhin von TeilnehmerInnen die Rede.

3.1.1 Sicheren Ort schaffen

Das Kreieren eines Sicheren Ortes ist eines der Ziele, die für traumapädagogisches Arbeiten grundsätzlich gelten und somit auch mit dem Rhythmusworkshop erreicht werden sollen. Als ein regelmäßig zur Verfügung stehender äußerer Sicherer Ort soll der Rhythmusworkshop dabei den Weg zu einem inneren Sicheren Ort erleichtern, sodass für die Jugendlichen eine dementsprechende inhaltliche, strukturelle und atmosphärische Ausgestaltung des Rhythmusworkshops wichtig ist (vgl. u. a. ‚entlasteter Raum'; Thiersch/Grunwald 2011, 860). Sie suchen nach Zuständen und Situationen, die möglichst arm an agitierenden Reizen ist, da es für sie im Rahmen einer möglicherweise dysfunktionalen Neurozeption schwierig ist, sichere und unsichere Situationen klar voneinander abzugrenzen und adäquat darauf zu reagieren. Rhythmisches Musizieren ermöglicht es jedoch als körperbetonte musikalische Aktivität im Rahmen des Bottom-up-Ansatzes (s. Kap. 2.2) über einen körperlichen Zugang ein Gefühl der Sicherheit vermittelt zu bekommen, da „das Empfinden von Sicherheit vom autonomen Zustand abhängt und (…) Signale für Sicherheit helfen, das ANS [autonomes Nervensystem] zu beruhigen" (Porges 2017, 27).

Dazu gehört neben der Körperempfindung, dass Rhythmus und Metrik zentrale Bestandteile der Prosodie sind (s. Kap. 2.3) und Trommeln damit einerseits verbaler Kommunikation ähnlich ist, und andererseits trotzdem eine *non*verbale soziale Kommunikationsform darstellt, die es den TeilnehmerInnen ermöglicht, sehr einfach miteinander in Kontakt zu treten. In entsprechenden Studien konnte bspw. beobachtet werden, wie traumatisierte Geflüchtete sehr unterschiedlicher Herkunft trotz vorhandener Sprachunterschiede innerhalb von Minuten gemeinsam musizieren konnten (vgl. Bensimon et al. 2008, 36). Somit ist Sicherheit durch das Wahrnehmen von Gemeinschaft in Form von sozialer Eingebundenheit und Gruppenzugehörigkeit vermittelbar. Im Rahmen der Co-Regulation innerhalb von Beziehungen haben körperliche und vom autonomen Nervensystem verarbeitete Empfindungen eine vermittelnde Funktion, die die Reaktionen der Interaktionspartner wechselseitig beeinflusst. Denn es ist eine

> „*biologische Notwendigkeit (…), mit anderen Menschen verbunden zu sein und gemeinsam mit ihnen die Fähigkeit zur Co-Regulation zu entwickeln. Wir erleben diese Notwendigkeit als eine uns inhärente Suche nach Sicherheit, die nur durch soziale Beziehungen, in denen wir Verhalten und Physiologie gemeinsam regulieren, zum Erfolg führen kann*“ (Porges 2017, 28).

Darüber hinaus ist das Ziel des Sicheren Ortes an Regelmäßigkeit und Verlässlichkeit des Rhythmusworkshops gekoppelt. Es ist wichtig, dass der wöchentliche Termin eine feste und verlässliche Größe in der Alltags- und Wochenstruktur ist und die Jugendlichen fest damit rechnen können. In diesem Sinne ist der Rhythmusworkshop auch als eine Art Ritual zu denken, welches immer und in gleicher Form wiederkehrt und in dem alle Beteiligten ihren festen Platz haben.

3.1.2 Entspannung ermöglichen und fördern

Ein weiteres, vor dem Hintergrund der Traumapädagogik definiertes Ziel ist die regelmäßige und wirksame Ermöglichung und Förderung von Entspannung im Rahmen des Rhythmusworkshops. Rhythmisches Musizieren in der Gruppe hat nachweislich eine entspannende Wirkung auf Körper und Psyche. Insbesondere soziale Rückbindung und Kohäsion innerhalb der Gruppe wirken beruhigend und entspannend, denn: „[R]esearchers argue that the benefits of musical activites include: mood improvement, self expression, catharsis, facilitating grieving, relaxation, reflection, socialization, community building, [and] stress reduction“ (Garrido et al. 2015, 2). Ebenfalls argumentiert Kreutz (vgl. 2011, 562), dass die Verarbeitung musikalischer Stimuli entspannend wirkt. Daher ist eine derartige Wirkung durch das gemeinsame Musizieren im Rahmen des Rhythmusworkshops zu erwarten. Dies speziell beim gemeinsamen Trommeln auf Naturfellinstrumenten: „Die Trommel wirft den inneren Rhythmus (…) spiegelbildlich zurück, sowohl in akustischer Schwingung, als auch in spürbarer Schwingung des Fells. Je mehr die Hände ihr Gleichmaß finden, desto ausgeglichener wird der innere Rhythmus“ (Ding 2013, 208). Gleichzeitig verlagert konzentriertes Trommeln auch den gedanklichen Fokus. Trommeln „demands concentration and targeted exertion, and it hardly leaves room for other thoughts and anxiety (…) To play music together and to communicate intuitively is essential to experience contact with others“ (Orth 2005, 8).

Ebenfalls ist eine mögliche ‚Trennung‘ vom eigenen Körper(-gefühl) infolge einer Traumatisierung durch körperbetonte Aktivitäten partiell auflösbar (vgl. Weiß 2013, 179), zu denen auch Trommeln zu zählen ist. Eine Rückbindung an den sowie Wiederentdeckung des eigenen Körper/s ist in diesem Zusammenhang eine große Entlastung (Bottom-Up-Ansatz, s. Kap. 2.2). Eingebunden in ein traumapädagogisches und milieutherapeutisches Gesamtkonzept, in dem Sicherheit und Stabilisierung fest verankert sind, lässt sich so das Potential des Rhythmusworkshops voll entfalten. Dabei geht es nicht nur um das Herstellen von Ausgeglichenheit durch Rhythmus, sondern auch um Spannungsabbau. Bensimon (et al. 2008) beforschte diesbezüglich gemeinsames Trommeln von unter PTBS leidenden Soldaten auf Naturfellinstrumenten und erhielt eindeutige Aussagen in Interviews: „Group drumming (…) releases tension. You beat the drum like crazy and discharge lots of energy. You make a noise and then you feel a sense of relief“ (ebd. 41). Hinzu kommt die in Kap. 2.3 ausgeführte soziale Bindungskomponente der Musik, sodass die Zielsetzung der Entspannung, ergänzt durch den nonverbalen Aufbau sozialer Beziehungen und Einbettung, gerechtfertigt ist.

3.1.3 Selbstwirksamkeitsgefühl (wieder-)herstellen und steigern

„Clients can express through music feelings otherwise not expressible. (…) An awareness of others and the relation to them are constantly required to feel at ease and supported in the process of achieving a musical expression“ (Orth 2005, 9). Der Verlust von Selbstwirksamkeit ist Wesenszug sowohl eines gewalthaltigen oder traumatisierenden Ereignisses als auch von dessen Folgen (s. Kap. 2.1/2.2). Insofern kommen Interventionen in Zusammenhang mit Trauma und Gewalterfahrung ohne den Aspekt der Selbstwirksamkeit und -bemächtigung nicht aus. Dies gilt auch für den Rhythmusworkshop, denn Musizieren, speziell Trommeln, bietet hier einen besonders effektiven Weg. Durch das einfache Schlagen, Berühren oder auch nur ‚Streicheln‘ des Fells bspw. einer Djembe mit den Fingern oder der ganzen Hand ist ein direkter und unmittelbarer akustischer bzw. musikalischer Effekt verbunden, der die Bewegung, die auf dem Schlagfell ausgeführt wurde, exakt wiedergibt. Bei einem guten, d. h. responsiven und fein ansprechenden Instrument gilt das nahezu für jede noch so kleine dynamische Berührung, die sofort und präzise in Klang und, bei entsprechender Lautstärke, nicht nur akustisch sondern auch körperlich wahrnehmbare Vibration umgewandelt wird. Der Kern von Selbstwirksamkeit wird also durch das Spielen eines Naturfellinstruments strukturell, symbolisch, aber eben auch ganz konkret spür- und erfahrbar auf eine Weise auf den Punkt gebracht, wie es nur wenige Methoden ermöglichen: „I mainly liked playing the drums with open palms and it was so empowering!!! (sic!) I was drumming like crazy while unloading loads of energy. I went out of here empowered“ (Bensimon et al. 2008, 41).

Dieser Effekt verstärkt sich, wenn mehrere Menschen gemeinsam trommeln. Der/die Einzelne sendet nicht nur akustische Ergebnisse der eigenen Selbstwirksamkeit aus, sondern empfängt und verarbeitet auch jene der anderen. Dies wiederum führt zur wechselseitigen

Beeinflussung der jeweiligen musikalischen Phrasen (bspw. in Form von Gleichklang, Call-and-Response o. ä.) und damit unmittelbar zu nonverbaler Kommunikation durch Musik auf Basis individueller Eigenständigkeit und selbstbemächtigter musikalischer ‚Sprachfähigkeit'. Im Ergebnis entsteht eine gemeinsame soziale Musikkreation – gemeinsames Musizieren ist somit Beziehungsarbeit. Im traumapädagogischen bzw. milieutherapeutischen Setting aktiviert gemeinsame „Improvisation (…) emotionales Erleben und ermöglicht ein Probehandeln auf musikalischer Ebene" (Plahl 2011, 645). Probehandeln (vgl. van der Kolk 2014, 349; Kap. 2.1) bedeutet hier auch ein Herantasten an Eigenständigkeit, Selbstwert, Selbstwirksamkeit und -kontrolle: „(…) group members learned how to control their feelings by controlling rhythm, volume, tempo, and timbre of the drums. As they took control of the drums, they actually took control of themselves" (Bensimon et al. 2008, 45). Daher stellt Trommeln eine traumapädagogische Methode auch zur Förderung von Selbstwirksamkeit dar, welche dem Rhythmusworkshop somit zum Ziel gesetzt wird.

3.1.4 Aggressivität und aggressives Verhalten verringern

Aggression und Aggressivität sind Zeichen innerer Spannung (vgl. Ding 2013, 209) und gerade im traumapädagogischen Kontext relevant (s. Kap. 2.1). Die Gefahr einer Traumatisierung steigt mit dem Mangel an Möglichkeiten, die im Moment des Schreckens zum Zwecke der Verteidigung oder Flucht freigesetzte körperliche Energie währenddessen oder kurz nach dem Ereignis physisch abzuleiten und somit abzubauen (bspw. durch Zittern, Weinen o. ä.; vgl. Levine 2010, 32 ff.). Wie gezeigt wurde (s. Kap. 2.1), rühren u. a. Übererregung und Aggressivität als typische Traumafolgestörungen genau daher. Die Energie ist schlichtweg noch im Körper in Form einer großen inneren (An-)Spannung.

Ein weiteres Ziel des Rhythmusworkshops ist somit, Aggressionen bei den Jugendlichen zu vermindern durch ‚Ableitung' dieser inneren Anspannung mittels des körperbetonten Trommelns. Die Nutzung von Trommeln zu diesem Zweck steht in einer sehr langen Tradition. Bereits Heilrituale bspw. in Nordafrika oder Teilen Asiens nutzten insbesondere das Kraft- und Lautstärkepotential der Naturfellinstrumente zum Abbau von Aggressionen, wenn die Gruppe bis zu einem Forte-Fortissimo (fff) vordrang. Der/die Trommelnde

> „*sublimates his or her aggression and experiences psychophysiological relief. Playing fff requires long and harsh arm movements. Thereby, it releases physical energy as a vent for anger enabling the client and enabling an continual ‚rage of sounds*'" (Bensimon et al. 2008, 44).

Gleichzeitig ist auch dies im Rahmen des Rhythmusworkshops kein ausschließlich individueller Prozess, denn „interindividual emotional states become more homogeneous (e. g. reducing anger in one individual and depression or anxiety in another), thus promoting interindividual understanding and decreasing conflicts" (Koelsch 2010, 132).

Ziel ist also, das Aggressionspotential Einzelner durch Angleichung des physiologischen und emotionalen Zustands an jenen der anderen Gruppenmitglieder zu senken (i. e. Co-Regulierung; vgl. Porges 2017, 28) – durch gleichen Rhythmus, gleichen Beat, gleichen (musikalischen) Puls – durch ‚Gleichklang'.

3.1.5 Kooperations- und Partizipationsbereitschaft (wieder-)herstellen und steigern

Schließlich soll regelmäßiges und gemeinsames Trommeln auch im Sinne der Kooperation und Partizipation zu jenem nonverbalen „Probehandeln" (Plahl 2011, 645) werden, welches für das langsame Wieder-

Herantasten an das Vertrauen in die eigene Wirksamkeit und Position, in die Gruppe und in andere Menschen generell erforderlich ist. Aus traumapädagogischer Sicht ist dies unerlässlich, da Jugendliche vor allem dann eine positive Motivation ausbilden, wenn sie im Rahmen partizipativer Prozesse „Erfahrungen auf folgenden drei Gebieten machen: Erleben von Autonomie (…) Kompetenz (…) [und] Zugehörigkeit" (Lang et al. 2011, 6). Das aktive gemeinsame Erleben von Musik kann somit als ein „Laboratorium begriffen werden, in dem man unbeschadet soziale Fantasien begreifen, erlernen und neu gestalten kann" (Jank 2015, 483).

Das Trommeln in der Gruppe im Improvisationsmodus verlangt gleichzeitig Entstehung, Wahrnehmung und Umsetzung eigener musikalischer Ideen als Ausdruck des eigenen Empfindens sowie Zuhören, Verstehen und Eingehen auf jene anderer SpielerInnen. Im Ergebnis steht ein gemeinsamer, integrierter und nonverbal ‚abgestimmter' Klang, zu dem jede/r TeilnehmerIn genau das und genau so viel beiträgt, wie er/sie möchte. Hier findet ebenjene nonverbale soziale Probehandlung der Kommunikation und Partizipation statt, die im Kontext von Gewalterfahrung und Traumatisierung beeinträchtigt bzw. gehemmt wird (s. Kap. 2.1) und somit Ziel traumapädagogischer Interventionen ist: „People can learn to control and change their behaviour, but only if they feel safe enough to experiment with new solutions" (van der Kolk 2014, 349).

Vor dem Hintergrund etwaiger ähnlicher traumatischer Erfahrungen der TeilnehmerInnen und einem daraus potentiell folgenden wechselseitigen Grundverständnisses sowie im Rahmen der physischen und sozialen Sicherheit des Rhythmusworkshops ist dieses Ziel folglich sowohl sinnvoll als auch realistisch: Während Musikinterventionen mit jungen Überlebenden der „„Black Saturday" fires in Victoria, (…) participants indicated that playing music with others who had been through similar experiences and who understood them, was important" (Garrido et al. 2015, 2). Die sozial verbindende Wirkung des Musizierens (s. Kap. 2.3) vor dem Hintergrund vergleichbarer Erfahrungen kann in diesem Setting seine volle Wirkung entfalten, denn „engaging in cooperative behaviour is an important potential source of pleasure (...) and (...) as an effect, music leads to increased social cohesion" (Koelsch 2010, 132).

Gerade das Empfinden von (Spiel-)Freude ist hier sehr wichtig, da sie eine zunächst ggf. ablehnende Haltung aufzuweichen vermag und sowohl eine höhere Bereitschaft, Vertrauen zu fassen, sich zu öffnen und nonverbal ‚mitzuteilen' als auch eine Identifikation mit der Gruppe begünstigt. Auch die PTBS-Studie von Bensimon (et al. 2008) bestätigte in diesem Zusammenhang den Rückgang entsprechender Symptome durch das Trommeln in Form von „increased sense of openness, togetherness, belonging, sharing, closeness connectedness and intimacy" (ebd. 34) – eine Steigerung der Kooperations- und Partizipationsbereitschaft durch den Rhythmusworkshop ist somit zu erwarten und als Zielsetzung legitim.

3.2 Aufbau und Struktur des Rhythmusworkshops

3.2.1 Zeitliche Struktur

Für die TeilnehmerInnen ist wichtig, dass der wöchentliche Termin einerseits transparent kommuniziert und andererseits zuverlässig vom dem/r verantwortlichen BetreuerIn durchgeführt wird. Dem Rhythmusworkshop muss deshalb in der institutionellen Wochen- und Tagesplanung eine entsprechende Priorität eingeräumt werden und wiederholtes und/oder kurzfristiges Absagen sowie das ‚Opfern' des Termins für vermeintlich wichtigere Aktionen ist zu vermeiden. Die Jugendlichen müssen sich auf das Stattfinden des Rhythmusworkshops verlassen können.

Als Zeitpunkt eignet sich der Abend eines Wochentages nach dem Abendessen. Wochenenden empfehlen sich aufgrund von Wochenendheimfahrten Einzelner sowie eines grundsätzlich tendenziell freizeitpädagogisch orientierten Programms nicht, da Ausflüge etc. die genannte Regelmäßigkeit des Rhythmusworkshops gefährden könnten. Wochentags haben Jugendliche in der stationären Kinder- und Jugendhilfe in aller Regel einen ausgefüllten Tagesplan mit ihrer jeweiligen Beschulungsform, praktischer Ausbildung, Hausaufgabenbetreuung, Sportkursen u. ä. Daher ist die Zeit nach dem Abendessen die Phase des Tages, in der langsam Ruhe einkehrt und jede/r Zeit zur freien Verfügung hat. Zur Erreichung der traumapädagogischen Ziele des Rhythmusworkshops ist Zeitdruck in Durchführung und Wirkung hinderlich, bspw. in Form etwaiger weiterer Veranstaltungen oder Terminen nach dem Rhythmusworkshop. Deshalb ist die Abendphase für den Rhythmusworkshop als letztem ‚Programmpunkt' des Tages die adäquate Zeit: 19:00 Uhr, nach allen Terminen, nach getaner Arbeit und ohne Verpflichtungen danach. Der Rhythmusworkshop ist dabei selbstverständlich nicht verpflichtend sondern stellt ein Angebot zur freiwilligen Teilnahme dar.

Für die Dauer des Rhythmusworkshops sind ca. 60 Minuten angesetzt, da genügend Zeit vorhanden sein sollte für die Ankommens-, Auflockerungs- und Aufwärmphase, für die Phase des intensiven Musizierens sowie für Ausklang und Abschluss. Gleichzeitig ist es wichtig, Effekte der musikalischen, kreativen, emotionalen und sozialen Ermüdung durch zu langes Spielen zu vermeiden, was ab 60 bis 90 Minuten und länger zu erwarten ist. Eigene Erfahrungen mit musikalisch improvisierenden Jugendgruppen auch außerhalb des dezidiert traumapädagogischen Kontextes (bspw. Musikprojekttage im Campus Christophorus Jugendwerk) zeigen, dass nach 60 Minuten sowohl Gruppenenergie als auch Spieldynamik in aller Regel den Höhepunkt überschritten haben. Es ist dann besser, den Workshop zu beenden als ein möglicherweise gelangweiltes Weiterspielen zu riskieren, unter dessen Eindruck der Workshop dann enden würde. 60 Minuten sind ein gutes Maß, in Ausnahmefällen und bei entsprechender Dynamik kann, behutsam und die Spielenergie im Blick behaltend, verlängert werden. Die Frage, über welchen Zeitraum hinweg der Rhythmusworkshop grundsätzlich durchgeführt werden sollte, lässt sich aus zweierlei Blickwinkeln betrachten: Geht es im Kern um die Implementierung der traumapädagogischen Intervention in der Alltagswelt einer stationären Kinder- und Jugendhilfeeinrichtung, so ist es sinnvoll, den Rhythmusworkshop als festen Bestandteil des Lebens und Arbeitens in der entsprechenden Einrichtung zu etablieren. Soll darüber hinaus die Wirksamkeit des Rhythmusworkshops hinsichtlich der Erreichung der formulierten Ziele wissenschaftlich überprüft und evaluiert werden, so ist dafür zunächst eine Zeitspanne von etwa acht bis zehn Wochen zu wählen.

3.2.2 Gestaltung des (Sicheren) Orts

Die Gestaltung des Raumes, in dem der Rhythmusworkshop stattfindet, trägt als atmosphärischer Aspekt wesentlich zu Entspannung, Beruhigung, Wohlbefinden und Kreativität bei (s. Kap. 2.1.1). Der Fachverband Traumapädagogik ist bzgl. einer traumapädagogischen Raumgestaltung sehr spezifisch und orientiert diese an der jeweils intendierten Wirkung (vgl. Lang et al. 2011, 16 f.). Somit soll auch der Raum des Rhythmusworkshops folgende Botschaften vermitteln: „Du bist wertvoll (...) Hier sollst Du Dich wohlfühlen. (...) Hier bist Du sicher. Hier wirst Du gestärkt, gefördert. (...) Hier ist ein heiler, heilsamer Platz.“ (ebd. 16). Ideal sind also freundliche Farben in der Raumgestaltung, große Fensterflächen für natürliche Lichtverhältnisse und eine ausreichende Größe des Raumes, um ein Gefühl der Beengung zu vermeiden. Grundsätzlich sind

„*Größe der Räumlichkeiten, Farbgestaltung, Beleuchtung (...) entsprechend ihrer Wirkungen auf die Bedarfe der BewohnerInnen (...) abzustimmen. Dabei ist besonders auf (...) Möglichkeiten der Anregung und Motivation ebenso wie Entspannung und Ausagieren zu achten*" (ebd. 17).

Eine minimalistische Möblierung ist empfehlenswert, da lediglich Sitzgelegenheiten und ggf. ein kleiner Tisch wirklich notwendig sind. Die Stühle/Sessel/Zweiersitzguppen werden kreisförmig um den Tisch platziert, auf dem die verschiedenen kleineren Schlag- und Percussioninstrumente liegen. Darüber hinaus stehen die beiden Djemben neben dem Tisch auf dem Boden, während die beiden Congas aufgeständert zwischen zwei Stühlen stehen, da diese stehend zu spielen sind. Es bildet sich also ein einladender Kreis aus bequemen Sitzgelegenheiten und größeren Instrumenten mit einem Fundus kleinerer Instrumente in dessen Zentrum, denn es ist auch der „äußere Aufbau für das Entstehen einer positiven Atmosphäre, das Setting, (...) entscheidend. (...) Die kreisförmige Anordnung der Instrumente begünstigt den gruppendynamischen Prozess" (Ding 2013, 210).

Nachdem es – abhängig von der Jahreszeit – um 19:00 Uhr ggf. dämmert oder schon dunkel ist und durch die großen Fenster auch der Raum dunkler wird, lässt sich durch entsprechende Beleuchtung eine beruhigende und kreative Atmosphäre schaffen. Erfahrungsgemäß erzeugen Lavalampen inmitten der Instrumente auf dem zentralen Tisch oder indirekt beleuchtende Stehlampen mit Dimmfunktion ein angenehmes Licht. Es geht darum, den natürlichen Lichtverhältnissen dieser Tageszeit und damit auch der Stimmung des zu Ende gehenden Tages zu folgen und dieser kein grelles oder kaltes künstliches Licht entgegenzusetzen. Vielmehr soll mittels behutsamer Beleuchtung der Abend als solcher wirken können und ein einladender, ‚warmer', gemütlicher und entspannter Ort entstehen, an dem man sich leicht wohlfühlen kann.

Darüber hinaus ist sicherzustellen, dass Ort und Umfeld des Rhythmusworkshops auch tatsächlich als sicher wahrgenommen werden, d. h. Störungen durch nicht teilnehmende Personen sollten nach Möglichkeit ausgeschlossen werden können. Insofern ist der Rhythmusworkshop auch mit anderen diensthabenden KollegInnen und möglichen parallelen Gruppenaktivitäten abzustimmen. Auf diese Weise kann der Rhythmusworkshop als Sicherer Ort auch von außen geschützt werden. Weiterhin ist es wichtig, dass innerhalb der Gruppe der TeilnehmerInnen alltägliche Konflikte aus dem regulären Gruppenleben so gut es geht vermieden werden, damit die gemeinsame musikalische Zeit nicht als stressig, sondern als wohltuend empfunden wird.

3.2.3 Ablauf und Agenda des Rhythmusworkshops

Es ist darauf zu achten, dass die einzelnen Rhythmusworkshop einer gleichbleibenden Agenda folgen und damit einschätzbar und vorhersehbar sind, was aus traumapädagogischer Sicht im Sinne haltgebender Strukturen und in den Alltag eingebetteter Rituale von Bedeutung ist (vgl. Lang et al. 2011, 12). Daher sollten alle Termine des Rhythmusworkshops grundsätzlich folgenden Ablauf haben:

I. Ankommen, Auflockern, Aufwärmen: Die Jugendlichen kommen in den vorbereiteten Raum und alle Instrumente liegen oder stehen einladend da. Jede/r kann sich das Instrument nehmen, welches ihn/sie in dem Moment am meisten anspricht, sei es eine relativ tief klingende Conga oder Djembe (Grundbeat) oder eines der höher klingenden Instrumente wie Darbuka, Bongo, Tambourin o. ä. (höherfrequentes Anreichern des Beats). Gibt man entsprechenden Raum, so beginnen die TeilnehmerInnen sehr wahrscheinlich unvermittelt, die Instrumente in die Hände zu nehmen, auszuprobieren und zu spielen. Nicht selten beginnen damit die ersten Improvisationen ‚von selbst'. Der musikalische Kommunikationsprozess findet in diesem Falle direkt statt und es ist durchaus möglich, dass sich die Gruppe bereits musikalisch findet und der erste gemeinsame Rhythmus entsteht. Wenn dies geschieht, ist dem durch den/die BetreuerIn unbedingt Raum zu geben, man spielt einfach mit. Bleibt die Gruppe eher zurückhaltend, kann der/die BetreuerIn einen einfachen und zugänglichen Grundbeat vorgeben. Auf diesen können die Jugendlichen ‚einsteigen' und die Gruppe kann sich anhand dessen gut auflockern und aufwärmen. „Nicht nur der äußere Aufbau trägt zu einer angstfreien Atmosphäre bei. Auch die von uns Erwachsenen gespielten einfachen klaren Rhythmen sind ein wichtiger, Struktur und Halt gebender Aspekt" (Ding 2013, 217). Grundsätzlich empfiehlt sich zu Beginn also eher ein langsamer und entspannter Rhythmus, damit die Gruppe sich ‚finden' kann.

II. Intensives Musizieren: Ab einem gewissen Zeitpunkt, der nicht festlegbar ist sondern dynamisch erspürt werden muss, kommt die Gruppe regelmäßig in einen stabilen rhythmischen Zustand, der sich über eine längere Zeit hält. Das bedeutet, dass die Jugendlichen und der/die BetreuerIn einen gemeinsamen Groove spielen und diesen teilweise über 15 Minuten halten – mit leichten Abwandlungen und Improvisationen, je nach dem, wie sehr sich jemand selbstwirksam vom Fundament des Grundbeats zu lösen traut. In dieser Phase, in der alle in der Situation angekommen und warm gespielt sind, geht es darum, den Groove möglichst lange lebendig, gemeinsam und intensiv zu halten. Insbesondere hier kommen die Körperlichkeit, die Gemeinschaft, die nonverbale kommunikative Verbundenheit sowie die mentale und emotionale Fokussierung auf das Körperempfinden traumapädagogisch zur Wirkung. Aus musikalischer Sicht ist diese Phase sehr variabel, es kann langsam, schnell, unisono, polyphon, mono- oder polyrhythmisch, laut oder leise und alles dazwischen werden. Wichtig ist, die Führung, wann auch immer es geht, der Gruppe zu überlassen. Für den/die BetreuerIn kann diese Phase also sowohl sich einordnen und einfach mitspielen bedeuten als auch, im Bedarfsfall, führen und rhythmisch stabilisieren. Diese Phase ist insgesamt mit ca. 30–40 Minuten anzusetzen.

III. Ausklang und Abschluss: Nach dem ausführlichen Musizieren sinkt erwartungsgemäß das Energieniveau der Gruppe, die Jugendlichen sind kreativ und körperlich erschöpft oder der Fokus der Jugendlichen verändert sich. Wenn dem so ist, dann sollte das Spielen nicht unnötig in die Länge gezogen werden, allerdings sollte man es auch nicht abrupt abbrechen. Deshalb wird der gemeinsame Groove unter Anleitung des/der BetreuerIn im Rahmen von weiteren ca. 5–10 Minuten in ein Ritardando überführt und klingt schließlich aus – der lang anhaltende und den Raum erfüllende Ton einer zwei- bis dreimal und mit recht großem zeitlichen Abstand angeschlagenen Klangschale eignet sich gut als alle nochmals fokussierender Schlusspunkt.

Zusammenfassend findet also nur in der Anfangs- und der Endphase wirkliche musikalische Anleitung statt bzw. während des improvisierten Mittelteils nur dann, wenn der Groove auseinanderzufallen droht. Dies gilt prinzipiell auch für den unwahrscheinlichen Fall, dass alle Jugendlichen komplette Neulinge im Musizieren sind. Auf Basis musikalisch-didaktischer Kompetenz der betreuenden Person lassen sich *immer* Rhythmen finden, die einfach genug strukturiert sind, um allen einen Zugang zu ermöglichen. Außerdem kann man bei Bedarf Einzelnen sehr einfache Schläge zeigen, die dennoch gut zu einem komplexeren Gesamtgroove passen.

3.2.4 Professionelle Haltung im Rhythmusworkshop

Für den/die BetreuerIn ergeben sich im Rahmen des Rhythmusworkshops mit gewalterfahrenen und/oder traumatisierten Jugendlichen besondere fachliche Anforderungen, die zu erfüllen sind. Neben der bereits beschriebenen zugewandten, empathischen und verstehenden inneren Haltung (s. Kap. 2.1) sind auch (krisen-)interventive Fertigkeiten erforderlich, denn: In der musikbasierten traumapädagogischen Arbeit in der stationären Kinder- und Jugendhilfe können Über- oder Untererregung, Dissoziation, Aggression oder andere Symptome plötzlich auftreten. Musik ist Bestandteil der Neurozeption sowohl der Sicherheit als auch der Gefahr und kann bei entsprechend negativer emotionaler Bewertung oder Erinnerungsqualität gewisser Klänge durchaus dissoziativ als Trigger wirken und Aggressionen, Wutausbrüche und Intrusionen etc. auslösen (s. Kap. 2.3).

Bzgl. derartiger Reaktionen untersuchte Cloitre (et al. 2010) die Wirksamkeit einer Therapieform zur Steigerung der emotionalen Selbstregulationsfähigkeiten (i. e. Skills Training in Affect and Interpersonal Regulation; STAIRS) auf den Verlauf von PTBS-Symptomen bei im Kindesalter durch sexuelle und/oder emotionale Gewalt chronisch traumatisierten erwachsenen Frauen (vgl. ebd. 915 ff.). Als ‚Skills' werden in diesem Zusammenhang Aktivitäten bezeichnet, mithilfe derer sich „extreme und unangenehme Gefühle besser ertragen und umleiten" (Scherwath/Friedrich 2012, 150) lassen. Im Rahmen der Studie geschah dies vor dem Hintergrund, dass „Individuals with PTSD (…) typically experience substantial emotion regulation and interpersonal difficulties (…) Among the most functionally significant of emotion regulation problems are difficulties with anger management" (Cloitre et al. 2010, 915 f.). Die Ergebnisse zeigten deutlich, dass gestärkte Selbstregulationsfähigkeiten die Auswirkungen trauma- bzw. PTBS-induzierter Symptome wie bspw. Aggressivität langfristig verringern.

Die Ergebnisse wiederum der PTBS-Studie von Bensimon (et al. 2008) belegen u. a., dass gemeinsames Trommeln traumatische Assoziationen auslösen kann, einen ‚outlet of rage' ermöglicht und dadurch Erleichterung, Befriedigung und Selbstermächtigung erzeugt – zusätzlich zur Förderung der Rückgewinnung von Selbstkontrolle und Selbstvertrauen (ebd. 46). Die Synthese beider Studienergebnisse begründet in Bezug auf den Rhythmusworkshop auch bei gewalterfahrenen oder traumatisierten Jugendlichen ohne explizite PTBS-Diagnose die Annahme, dass es im Rahmen gemeinsamen Trommelns zum Ausagieren von Spannung, Wut und Aggressionen – in kontrolliertem Rahmen und an den Instrumenten – kommen kann. Dadurch werden Selbstbemächtigung, Kontrolle und Selbstregulation in einem sicheren Rahmen funktional erfahr- und trainierbar (s. ‚Probehandeln') und können somit eine Grundlage bilden für ressourcenorientierte Selbstregulation in der Alltagswelt auch außerhalb des Rhythmusworkshops.

Vor diesem Hintergrund geht es in der „Arbeit mit Gruppen von Menschen, die Traumareaktionen ausgebildet haben (…) darum, den Bezug zum Hier und Jetzt durchgehend aufrechtzuerhalten bzw. zu ermöglichen" (Hantke/Görges 2012, 200). Der/die BetreuerIn trägt dabei zunächst durch eine ruhige, freundliche, annehmende und ermunternde Art und Ausstrahlung zur Entstehung des Sicheren Ortes maßgeblich und von Beginn an bei. Diese Haltung sollte über die gesamte Dauer des Rhythmusworkshops erhalten bleiben. Zu ergänzen ist diese um ein musikpädagogisches Fundament, das vergleichbar ist mit der „Annahme des guten Grundes" (Lang et al. 2011, 5) aus der Traumapädagogik und der sich daraus ergebenden Verhaltensperspektive. Jeder Mensch kann Musik erleben, ist musikalisch, kann musizieren und sich mittels Musik auszudrücken lernen (vgl. Jank 2015, 483). Insofern sind keine fachlich-musikalischen Anforderungen zu stellen, sondern es ist wichtig, zu hören und wahrzunehmen, was die Jugendlichen selbst spielen oder ausprobieren – *darauf* sollte der/die BetreuerIn mit eigener musikalischer Fachlichkeit und Fähigkeit reagieren. Dabei ist im Zweifelsfall Unterstützung zu geben durch das Zeigen von Schlägen, die einfach und trotzdem für den Gesamtklang wichtig, interessant und bereichernd sind. Auf diese Weise ist jede/r eingebunden und gleichwertige/r InteraktionspartnerIn.

Kommt es durch oder im Rahmen des Trommelns zu Spannungsentladungen, Aggression, Triggern, Intrusionen bzw. Dissoziationen, so ist es auf Seiten der Professionellen wichtig, dies zu erwarten und davon nicht überrascht zu werden. Es kann im traumapädagogischen Kontext durchaus ein schmaler Grat sein zwischen Stabilität und einem plötzlichen ‚Ausbruch'. „Ausgangslage hierfür ist zunächst einmal die Erkenntnis, dass Affekt- und Impulsdurchbrüche eine normale Traumafolgereaktion sein können" (Scherwath/Friedrich 2012, 144). Es sind in einem solchen Fall eine entsprechende Reorientierung sowie Dissoziationsstopps in Form von das Social Engagement System aktivierender Ansprache, Atem- und Körperübungen, starken Sinnesreize etc. einzusetzen (vgl. ebd. 145 ff./157 ff.; Hantke/Görges 2012, 209 ff.). Konkret sollte der/die BetreuerIn während des Rhythmusworkshops die Jugendlichen grundsätzlich gut beobachten hinsichtlich Gestik, Mimik, Körperhaltung und -sprache sowie des Umgangs der Jugendlichen miteinander. Auch auf die Augen der Jugendlichen ist dabei zu achten, da sie möglicherweise in eine bestimmte Richtung wandern, defokussieren, starren oder rollen – dissoziative Zustände *können* sich auf diese Art ankündigen (vgl. Hantke/Görges 2012, 216). In Situationen, in denen Jugendliche stark dissoziiert wirken und bspw. erstarren, um sich schlagen, hysterisch schreien oder sich zu verstecken versuchen, sind Reorientierungsmaßnahmen etwa entlang des Stufenplans Kontaktaufnahme, Orientierung, Aktivierung und weitere Aktivierung, Selbst-Reorientierung, Aufklärung und Kontakt halten (vgl. Scherwath/Friedrich 2012, 157 f.) durchzuführen.

Für die Gruppe ist in diesem Zusammenhang Transparenz darüber wichtig, wie derartige Reaktionen einzuordnen sind und was diese „für die Verarbeitung und die Fähigkeit, im Hier und Jetzt zu bleiben, bedeuten" (Hantke/Görges 2012, 201) können. Diese Transparenz wirkt traumapädagogisch psychoedukativ (vgl. Lang et al. 2011, 6 f.) und ist der Gruppenkohäsion zuträglich, weil Beteiligten u. a. dadurch sehr deutlich werden kann, dass es anderen ähnlich geht wie ihnen selbst. Gleichzeitig können solche Vorkommnisse bei nicht direkt beteiligten Jugendlichen Angst und Verunsicherung auslösen. Auch hier sind Einfühlsamkeit, Transparenz und Psychoedukation von Seiten der/des Betreuer(s)In gefragt. Bewegt sich der Spannungsabbau jedoch in einem stabilen und noch auf die Instrumente ableitbaren Rahmen, so sollte das Spiel grundsätzlich fortgesetzt werden. Jedoch ist die Situation genau zu beobachten und es besteht auch die Möglichkeit, musikalisch-kommunikativ einzugreifen und zu versuchen, den Energielevel des Spiels musikalisch wieder zu senken.

Zusammenfassend sind die Kompetenzanforderungen an den/die BetreuerIn zur Durchführung des Rhythmusworkshops vergleichsweise hoch. Neben musikalischen und musikdidaktischen Fähigkeiten sowie intensiver professioneller Beziehungsarbeit ist parallel dazu eine genaue und einfühlsame Beobachtung und Wahrnehmung der Einzel- und Gruppendynamik aus traumapädagogischer Perspektive erforderlich. Darüber hinaus muss ein hohes Maß an Traumakompetenz vorhanden sein, um bei entsprechender Notwendigkeit umgehend professionell intervenieren zu können. Es ist diese Natur der psychosozialen Arbeit mit Traumatisierten in der stationären Kinder- und Jugendhilfe, die der Fachverband Traumapädagogik als ‚Tanz auf dem Vulkan' bezeichnet und die namensgebend war für jene Fachtagung des Fachverbands im November 2011, auf der die allgemeingültigen traumapädagogischen Standards für die stationäre Kinder- und Jugendhilfe erstmals vorgestellt wurden (vgl. Katholische Fachhochschule Mainz 2011).

4. Durchführung des Rhythmusworkshops

4.1 Planung, Vorbereitung und Durchführung

Die Implementierung eines solchen Rhythmusworkshops erfordert Planung und Vorbereitung, da neben der inhaltlichen Aufbereitung sowohl infrastrukturelle als auch personelle Voraussetzungen geschaffen werden müssen. Dies bedeutet zunächst, in der entsprechenden Einrichtung für das Projekt zu werben und zu versuchen, die Führungsebene (i. e. Erziehungs- oder Einrichtungsleitung) davon zu überzeugen. Wird, wie im Falle des Campus Christophorus Jugendwerk in Oberrimsingen umgehend und umfänglich geschehen, entsprechende Unterstützung zugesichert, ist nach passenden Räumlichkeiten zu suchen. Diese müssen die beschriebenen atmosphärischen Voraussetzungen erfüllen und es muss darüber hinaus möglich sein, in ihnen in den Abendstunden laut zu musizieren. Des Weiteren ist eine Bestandsaufnahme von in der Einrichtung möglicherweise bereits vorhandenen Musikinstrumenten durchzuführen. In der stationären Kinder- und Jugendhilfe wird man hier grundsätzlich sicher fündig, die spezifische Instrumentierung des Rhythmusworkshops mit einem klaren Fokus auf Naturfellinstrumenten ist aber ggf. so nicht vorhanden. Hier muss ergänzend oder von Grund auf ein Budget von ca. € 300,– bis € 500,– einkalkuliert werden, das ggf. erst durch Beantragung zu erwirken ist.

Daneben gilt es, die Wohngruppen in das Projekt einzubinden und zu informieren. In der praktischen Umsetzung geschah dies zunächst mehrfach per Mail (s. Anhang), um allen Beteiligten den inhaltlichen Hintergrund der Intervention zu erläutern und etwaiges Feedback in die Konzeption einfließen zu lassen. Es empfiehlt sich weiterhin, den Rhythmusworkshop jeweils persönlich bspw. in Gruppengesprächen der einzelnen Wohngruppen vorzustellen, idealerweise mit einer kleinen Auswahl von Instrumenten. Das schafft Transparenz, macht im besten Fall Lust und ermöglicht gleichzeitig einen ersten persönlichen Zugang zu den Jugendlichen.

Um das Angebot so niedrigschwellig wie möglich zu halten ist es wesentlich, den Rhythmusworkshop als für alle zugänglich zu kommunizieren. Es steht in der stationären Kinder- und Jugendhilfe zu erwarten, dass ein solches Angebot zunächst von diversen Jugendlichen ausprobiert wird und sich erst mit der Zeit eine stabile Gruppe etabliert, die ein fortwährendes Interesse zeigt. Vor jedem einzelnen Termin sind der Raum und die Instrumente fertig vorzubereiten, da im Alltag einer Kinder- und Jugendhilfeeinrichtung realistischerweise nicht davon auszugehen ist, dass der Raum ausschließlich für den Rhythmusworkshop genutzt werden kann. Die atmosphärischen Aspekte (s. Sicherer Ort; Kap. 2.1.1/3.1.1) sollen bereits vorhanden sein, wenn die Jugendlichen den Raum betreten, vorheriges Umräumen und Vorbereiten durch die Jugendlichen selbst wäre in diesem Zusammenhang störend. Die eigentliche Durchführung des Rhythmusworkshops schließlich erfordert von der/dem BetreuerIn insbesondere die Gleichzeitigkeit von Musikalität, Musikdidaktik, lebensweltorientierter Sozialer Arbeit und, darin, Traumapädagogik. Der jeweilige Schwerpunkt jedoch kann sich dabei naturgemäß sehr schnell verändern (s. Kap. 3.2.4), sodass insbesondere eine professionelle traumapädagogische Urteils- und Handlungsfähigkeit gegeben sein muss.

4.2 Praktische Erfahrungen mit dem Rhythmusworkshop

Der Rhythmusworkshop fand über vier Monate hinweg wöchentlich unter meiner Anleitung im Campus Christophorus Jugendwerk statt. Anhand dieser Praxiserprobung lassen sich eine Reihe praktischer Erfahrungen zusammentragen, die für die grundsätzliche Implementierung und Durchführung einer solchen Intervention in der stationären Kinder- und Jugendhilfe als wesentlich erscheinen.

Trotz sehr guter Planung, ausreichendem zeitlichen Vorlauf, mehrerer Mails, sehr guter Unterstützung von Seiten des Einrichtungsmanagements und der Wohngruppen sowie persönlichem Vorstellen des Rhythmusworkshops in den Gruppen selbst gestaltete es sich schwierig, vorab *feste* Anmeldungen für den Rhythmusworkshop zu erwirken. Es wurden von Seiten der Gruppen acht Jugendliche genannt, die grundsätzlich *Interesse* hätten. Diese Rückmeldungen kamen aus dem für den Rhythmusworkshop wünschenswerten Bereich der Anschlusshilfen, in denen unbegleitete minderjährige Geflüchtete und deutsche Jugendliche gemeinsam wohn(t)en, und bestanden ausschließlich aus unbegleiteten minderjährigen Geflüchteten. Schwerpunktmäßig kamen diese Rückmeldungen dabei aus den Freiburger Anschlusshilfewohngruppen des Campus Christophorus Jugendwerk und nicht aus jenen im Hauptsitz in Oberrimsingen außerhalb Freiburgs. Dies war ausschlaggebend dafür, dass die Ortsentscheidung für den Rhythmusworkshop auf Freiburg fiel. Ein entsprechend geeigneter Raum war derweil aber nur im Gebäude zweier Inobhutnahmegruppen verfügbar. Von den gemeldeten Interessenten aus den Anschlusshilfen erschien letztendlich jedoch nur ein einziger Jugendlicher, und das auch nur zu den ersten beiden Terminen. Der Rhythmusworkshop rekrutierte sich stattdessen ausschließlich aus unbegleiteten minderjährigen Geflüchteten aus den beiden Inohutnahmegruppen direkt im Gebäude. Dies widersprach zwar hinsichtlich der Zielgruppe grundsätzlich der Konzeption des Rhythmusworkshops, dieser wurde aber natürlich trotzdem begonnen und durchgeführt.

Für die letztendliche Teilnehmerstruktur des durchgeführten Rhythmusworkshops sind in meinen Augen zwei damals wirkende Aspekte verantwortlich: Einerseits war die Tatsache, dass sich der Rhythmusworkshop aus Sicht der Interessenten aus den Anschlusshilfegruppen nicht in unmittelbarer Umgebung dieser oder optimalerweise in der Wohngruppe oder deren Gebäude befand, vermutlich schlichtweg ein Hindernis. Im Alltag der Jugendlichen war dieses Angebot eines von vielen (s. Kap. 3.2.1) und außerdem durch die geographische Lage keines, bei dem man ohne viel Aufwand hingehen konnte um unverbindlich zu sehen, ob es einem zusagte. Es musste dafür, je nach Lage, eigenständig eine Strecke von mehreren Kilometern innerhalb Freiburgs zurückgelegt werden – und dies geschah offenkundig nicht.

Andererseits ist die Beziehungsarbeit bzw. eine möglicherweise vor Beginn des Rhythmusworkshops bereits bestehende professionelle Beziehung zu den Jugendlichen von großer Bedeutung. Eine solche besteht, wenn man als MitarbeiterIn in einer Gruppe arbeitet und aus dieser Position und Konstellation heraus als vertraute und Vertrauensperson den Rhythmusworkshop ins Leben ruft. Optimalerweise geschieht dies mit den Jugendlichen ein und derselben Wohngruppe in einem Raum im selben Gebäude. Möglicherweise ist das Angebot erst dann *wirklich* niedrigschwellig, da es im sozialen Nahraum tatsächlicher Teil der Alltagswelt ist. Für die im Rahmen der Praxiserprobung teilnehmenden Jugendlichen aus der Inobhutnahme (durchschnittlich vier Jugendliche pro Termin) war derweil genau dies der Fall. Sie kamen jeden Donnerstagabend mit Hausschuhen oder auf Socken in den Raum und nahmen so regelmäßig Teil, wie es ihr Verbleib in der Inobhutnahme erlaubte.

Aus Beziehungssicht war dabei meine Position als Mitarbeiter, der nicht auf einer der betreffenden Gruppen arbeitete und dadurch für die Jugendlichen zunächst einmal nur ein Name und ein neues Gesicht war, *anfänglich* ebenfalls hinderlich, da dies die Hemmschwelle insbesondere während des Anwerbe- und Rückmeldeprozesses durchaus erhöhte.

Unter diesen Rahmenbedingungen funktionierte der Rhythmusworkshop jedoch im Sinne eines musikalischen Gruppenangebots dennoch und wurde von den teilnehmenden Jugendlichen sehr gut angenommen. Allein die systemimmanente Fluktuation innerhalb der Inobhutnahme verhinderte in meinen Augen die Entfaltung wesentlicher struktureller Aspekte des Rhythmusworkshops (darunter bspw. die Beziehungsarbeit insbesondere innerhalb der Gruppe), die ihn erst zu jener traumapädagogischen Intervention gemacht hätte, als die er gedacht war und konzipiert wurde (vgl. Kap. 2.1.1/2.1.2; Bausum 2013, 196). Die Jugendlichen kannten sich zu Beginn der Inobhutnahme untereinander häufig überhaupt nicht, sprachen unterschiedliche Sprachen und wussten, dass sie nach ca. vier bis sechs Wochen umverteilt oder in Anschlusshilfegruppen umziehen würden. Ihnen war also klar, dass sie die Jugendlichen, mit denen sie zu diesem Zeitpunkt zusammenlebten und -spielten, sehr wahrscheinlich schon bald nicht mehr sehen würden. Es muss für sie demnach sehr schwierig gewesen sein, sich auf den damals für sie aktuellen Aufenthaltsort überhaupt einzulassen.

Außerdem bedeutet Inobhutnahme im Falle der unbegleiteten minderjährigen Geflüchteten generell, dass die Jugendlichen erst ganz neu nach Deutschland gekommen sind und Themen wie Erstgespräch auf dem Jugendamt mit Zuteilung einer Vormundschaft, ärztliche Untersuchungen und ggf. Behandlungen sowie der Beginn des Asylverfahrens etc. ein eigentliches ‚Ankommen' in der neuen Situation durchaus verzögern können (vgl. Hehnke 2017, 51 ff.). Vor diesem Hintergrund ließen sich die Ziele des Rhythmusworkshops nur in eingeschränktem Maße anstreben oder realisieren: Eine stabile Gruppenzusammensetzung bspw. ist für tiefergehende Prozesse im Rhythmusworkshop essentiell.

Gleichzeitig war der Rhythmusworkshop jedes einzelne Mal gut und von den einzelnen Jugendlichen auch regelmäßig besucht, darüber hinaus war es während des Spielens offensichtlich, dass es ihnen Freude bereitete. Möglicherweise war dieses Angebot im Bereich der Inobhutnahme auf seine eigene Weise wertvoll, in dem es zumindest temporär nonverbale Kommunikations-, Entspannungs- sowie musikalische Ausdrucksmöglichkeiten in einer Situation bot, die für die Jugendlichen besonders stark von Unsicherheit, sprachlichen und kulturellen Barrieren sowie einem großen Bedürfnis nach Stabilität geprägt war. Bei der Ankunft in einem sicheren Zielstaat handelt es sich nämlich „keineswegs um den Abschluss des Fluchtprozesses, denn nach der Ankunft machen sich psychische, körperliche und rechtliche Auswirkungen bemerkbar. (…) Kinder und Jugendliche zählen hierbei zu den besonders betroffenen Flüchtlingen" (Hehnke 2017, 34). Durch den nonverbalen Charakter der Intervention in einer von Sprachbarrieren geprägten Umgebung bspw. ist es dennoch durchaus denkbar, dass durch den Rhythmusworkshop in dieser Phase und unter den Rahmenbedingungen, die zur Zeit seiner Durchführung herrschten, zumindest ein Teil seiner Ziele für die Jugendlichen erreichbar waren.

Die musikalische Durchführung fand derweil durchgängig wie geplant statt (s. Kap. 3.2.3/3.2.4). Der Fokus lag klar auf gemeinsamer Improvisation und diese funktionierte von Beginn an gut. Über den gesamten Verlauf der einzelnen Termine fielen nur sehr wenige Worte, meist nur Begrüßungs- und Abschiedsformeln in unterschiedlichsten Sprachen. Dazwischen fand unvermitteltes, intuitives, gemeinsames, stabiles und intensives Trommeln statt. Währenddessen kam es mehrmals vor, dass auch vielschichtige, komplexe und polyrhythmische Grooves unter Beteiligung aller Anwesenden absolut im Takt und teilweise über mehr als 15 Minuten stabil blieben. Hauptinstrumente waren dabei die beiden Djemben, die beiden Congas, die Cajón, eines der beiden Bongo-Paare sowie die White Shakers und die Klangschale. Am Ende jedes Rhythmusworkshops wirkten die Teilnehmer auf mich fröhlich und entspannt, zu *für mich wahrnehmbaren* Dissoziationen bzw. Intrusionen ist es bei den Jugendlichen im Rahmen des Rhythmusworkshops nicht gekommen. Ob dem wirklich so war, lässt sich ohne entsprechende Datenerhebung und Evaluation nicht sagen. Diese Eindrücke und Erfahrungen sind singulär, subjektiv und können maximal einer von vielen Bestandteilen einer Evaluation des Rhythmusworkshops sein. Im Geiste sowohl der grundsätzlichen Konzeption als auch der Zielerreichung und Evaluierbarkeit des Rhythmusworkshops jedoch empfiehlt es sich nach viermonatiger Erfahrung in der Durchführung, die Intervention wie geplant im Rahmen der Anschlusshilfen in gewohnter, naher und alltagsweltlicher Umgebung sowie auf Basis von vor Beginn der Intervention existierenden professionellen Beziehungen zu implementieren. Nur unter diesen Umständen ist eine Zielerreichung auch überprüfbar.

5. Fazit und Ausblick

Zusammenfassend ist zu sagen, dass die Integration der Themen Trauma, (lebensweltorientierte) Soziale Arbeit in der stationären Kinder- und Jugendhilfe, (nonverbale) Traumapädagogik und Musik auf einer theoretischen Ebene zu ermutigenden Schnittmengen und Erkenntnissen führt, die die Erarbeitung und Konzeption einer Intervention wie dem Rhythmusworkshop nahelegen. Diese sind u. a. die sozial integrierende Wirkung von Musik, ihre starke Körperlichkeit speziell beim Trommeln, ihr neurophysiologischer Verarbeitungsschwerpunkt im Limbischen System sowie ihre Natur als nonverbale ‚Sprache', die in Form von Prosodie die Entwicklung und Anwendung verbaler Sprache erst ermöglicht. All dies resoniert im hier rezipierten traumatologischen und traumapädagogischen Kontext deutlich und bietet vielversprechende Anknüpfungspunkte an Wesen und Struktur von Gewalterfahrung, Traumatisierung und deren Heilung. Im Falle betroffener Jugendlicher ist dabei die stationäre Kinder- und Jugendhilfe, und damit die lebensweltorientierte Soziale Arbeit, *der zentrale Ort* des Ausagierens und (Co-)Regulierens sowie milieutherapeutischer Heilungsprozesse, die ggf. von einer Psychotherapie komplementär ergänzt werden.

Die Konzeption und Durchführung der daraus resultierenden Intervention zeigt dabei in der Praxis, dass es Jugendlichen leicht gelingt, sich auf den Rhythmusworkshop einzulassen und, im Rahmen der beschriebenen Umstände zum Zeitpunkt der Praxiserprobung, stabil und aus eigenem Antrieb heraus daran teilzunehmen. Der Rhythmusworkshop bietet somit einen effektiven Zugang zu Jugendlichen – jedoch nur, sofern er im sozialen Nahraum der Alltagswelt stattfindet.

Eine tatsächliche Qualität als professionelle nonverbale traumapädagogische Intervention indes lässt sich wohl anhand der wissenschaftlichen Herleitung, nicht jedoch anhand der beschriebenen, viermonatigen Umsetzung untermauern. Hierfür fehlt bisher einerseits eine Evaluation und Validierung des Rhythmusworkshops und seiner Konzeption mittels einer auf Basis dieses Buches vorzunehmenden Untersuchung, die sich im Wesentlichen entlang folgender grundsätzlicher Leitfragen bewegen müsste:

a) Wie ist zur wissenschaftlichen Überprüfung der traumapädagogischen Zielsetzung des Rhythmusworkshops methodisch vorzugehen?

b) Sind die konzeptionell zugrunde liegenden traumapädagogischen Ziele durch den Rhythmusworkshop nachweislich erreichbar?

Andererseits ist für eine Validierung als professionelle traumapädagogische Intervention ein ‚Stresstest' notwendig, d. h. Konzept und Vorgehen müssen auch unter Realbedingungen traumaspezifischen Verhaltens funktionsfähig und wirkungsvoll sein. Diese waren während der beschriebenen praktischen Umsetzung nicht wahrnehmbar gegeben. Hierfür ist eine entsprechend stabile und adäquate Auswahl von Jugendlichen unerlässlich, für die der Rhythmusworkshop letztendlich konzipiert ist, und die sich vor allen anderen davon auch einen echten Nutzen erhoffen dürfen. Auch dies ist im Rahmen einer etwaigen anschließenden Untersuchung zu berücksichtigen.

Abschließend ist die Erzeugung traumapädagogischer Wirkung mittels musikbasierter Methoden in der stationären Kinder- und Jugendhilfe in meinen Augen ein Instrument lebensweltorientierter Sozialer Arbeit, dessen Erforschung, Anwendung und Weiterentwicklung sich vor dem Hintergrund der aus wissenschaftlicher und praktischer Perspektive vielversprechenden Vorzeichen nicht nur empfiehlt, sondern die notwendig ist, denn: Es steht nicht weniger als die Entwicklung und Etablierung eines sehr effektiven, umfassenden und niedrigschwelligen nonverbalen traumapädagogischen Interventionsinstrumentariums in der stationären Kinder- und Jugendhilfe zu erwarten. Das Ziel dieses Buches ist, genau hierzu wesentlich beizutragen.

6. Abkürzungsverzeichnis

ANS	→	autonomes Nervensystem
bspw.	→	beispielsweise
bzw.	→	beziehungsweise
ca.	→	circa
ebd.	→	ebenda
e. g.	→	exempli gratia (zum Beispiel)
et al.	→	et alii
etc.	→	et cetera
f.	→	folgend
ff.	→	fortfolgend
fff	→	forte fortissimo
ICD	→	International Statistical Classification of Diseases and Related Health Problems
i. e.	→	id est
Kap.	→	Kapitel
PTBS	→	Posttraumatische Belastungsstörung
PTSD	→	Posttraumatic Stress Disorder
resp.	→	respektive
s.	→	siehe
sog.	→	sogenannte/r/s
STAIRS	→	Skills Training in Affect and Interpersonal Regulation
u. a.	→	unter anderem
u. ä.	→	und ähnliche/s/m
vgl.	→	vergleiche

7. Quellenverzeichnis

Altenmüller, E. (2015): Heilsame Wirkung. Warum Musik emotional tief bewegen kann; Interview mit Prof. Dr. med. Eckart Altenmüller; Onlineveröffentlichung unter: https://www.welt.de/gesundheit/psychologie/article136612398/Warum-uns-Musik-emotional-tief-bewegen-kann.html; abgerufen am 19.10.2016

Altenmüller, E. / Schlaug, G. (2015): Apollo's gift: new aspects of neurologic music therapy; In: Progress in Brain Research, Volume 217, S. 237–252

Bausum, J. (2013): Ressourcen der Gruppe zur Selbstermächtigung; In: Bausum et al. (Hg.): Traumapädagogik. Grundlagen, Arbeitsfelder und Methoden für die pädagogische Praxis; 3. Auflage, Weinheim, S. 191–198

Bensimon, M. / Amir, D. / Wolf, Y. (2008): Drumming through trauma: Music therapy with post-traumatic soldiers; In: The Arts in Psychotherapy, 2008, 35; S. 34–48

Bethge, P. (2003): Die Musik-Formel; In: Der Spiegel 31/2003; S. 130–140

Brattico, E. / Tervaniemi, M. (2006): Musical creativity and the human brain; In: Deliège, I. / Wiggins, G. A. (Hg.): Musical Creativity. Musltidisciplinary Research in Theory and Practice; Hove (UK) / New York (USA), S. 290–321

Cloitre, M. / Stovall-McClough, K. / Nooner, K. / Zorbas, P. / Cherry, S. / Jackson, C. L. / Gan, W. / Petkova, E. (2010): Treatment for PTSD Related to Childhood Abuse: A Randomized Controlled Trial; In: The American Journal of Psychiatry 167/8; Arlington (USA), S. 915–924

Ding, U. (2013): Trommeln gegen das Trauma. Der Einsatz von Congas in der Arbeit mit traumatisierten Kindern; In: Bausum et al. (Hg.): Traumapädagogik. Grundlagen, Arbeitsfelder und Methoden für die pädagogische Praxis; 3. Auflage, Weinheim, S. 208–219

Davis, K. M. (2010:) Music and the Expressive Arts With Children Experiencing Trauma; In: Journal of Creativity in Mental Health, 5; Philadelphia, S. 125–133

Eichenberg, C. / Zimmermann, P. (2017): Einführung Psychotraumatologie; München

Engelhardt, H. D. (2017): Was wird aus unserer Umwelt? Die Zukunft des Menschen zwischen Glaube und Natur; Baden-Baden

Fischer, G. / Riedesser, P. (2009). Lehrbuch der Psychotraumatologie; 4. Auflage, München

Fischinger, T. / Kopiez, R. (2011): Wirkungsphänomene des Rhythmus; In: Bruhn, H. / Kopiez, R. / Lehmann, A. C. (Hg.): Musikpsychologie. Das neue Handbuch; 3. Auflage, Reinbek, S. 458–475

Fröhlich-Gildhoff, K. (2007): Verhaltensauffälligkeiten bei Kindern und Jugendlichen. Ursachen, Erscheinungsformen und Antworten; In: Hartung, J. / Fröhlich-Gildhoff, K. (Hg): Module angewandter Psychologie; Stuttgart

Gahleitner, S. B. (2013): Traumapädagogische Konzepte in der Kinder- und Jugendhilfe: Weshalb? – Wie? – Wozu?; In: Lang et al. (Hg.): Traumapädagogische Standards in der Kinder- und Jugendhilfe. Eine Praxis- und Orientierungshilfe der BAG Traumapädagogik; Weinheim, S. 45–55

Gahleitner, S. B. (2017): Trauma. In: Deutscher Verein für öffentliche und private Fürsorge e. V. (Hg.): Fachlexikon der sozialen Arbeit, 7. Auflage 2011; Baden-Baden, S. 916 f.

Garrido, S. / Baker, F. A. / Davidson, J. W. / Moore, G. / Wasserman, S. (2015): Music and trauma: the relationship between music, personality and coping style; In: Frontiers in Psychology, July 2015, Volume 6, Article 7; Onlineveröffentlichung unter https://www.frontiersin.org/articles/10.3389/ fpsyg.2015.00977/ full; abgerufen am 03.03.2017

Gstättner, R. / Kohl, G. (2015): Verhaltensauffälligkeiten bei Kindern & Jugendlichen in der stationären Jugendhilfe. Effekte einer milieutherapeutischen Behandlungsstrategie; In: Trauma & Gewalt, 10. Jahrgang, Heft 1/2016; Stuttgart, S. 54–67

Hantke, L. / Görges, H.-J. (2012): Handbuch Traumakompetenz. Basiswissen für Therapie, Beratung und Pädagogik; Paderborn

Hausmann, C. (2003): Handbuch Notfallpsychologie und Traumabewältigung. Grundlagen, Interventionen, Versorgungsstandards; Wien

Hellbrück, J. (2011): Das Hören in der Umwelt des Menschen; In: Bruhn, H. / Kopiez, R. / Lehmann, A. C. (Hg.): Musikpsychologie. Das neue Handbuch; 3. Auflage, Reinbek, S. 17–36

Hehnke, E. (2017): Kinder des Krieges. Soziale Arbeit mit traumatisierten Flüchtlingskindern für Haupt- und Ehrenamtliche; 2. Auflage, Baden-Baden

Herden, B. (2011): Die Macht der Musik; Onlineveröffentlichung unter: https://www.zeit.de/zeit-wissen/2012/01/Psychologie-Musik; abgerufen am 03.12.2017

Herman, J. L. (2003): Die Narben der Gewalt; München

Jank, B. (2015): Musikpädagogische Ansätze; In: Melzer, W. / Hermann, D. / Sandfuchs, U. / Schäfer, M. / Schubarth, W. / Daschner, P. (Hg.): Handbuch Agression, Gewalt und Kriminalität bei Kindern und Jugendlichen; Bad Heilbrunn, S. 481–485

Katholische Fachhochschule Mainz / Bundesarbeitsgemeinschaft Traumapädagogik (2011): Traumatisierte Mädchen und Jungen. Tanz auf dem Vulkan. Traumapädagogische Standards für Einrichtungen der Jugendhilfe; Onlineveröffentlichung unter: http://www.fbts.de/fileadmin/fbts/Veranstaltungen/Traumapaedagogik.pdf; abgerufen am 24.10.2017

Koelsch, S. (2010): Towards a neural basis of music-evoked emotions; In: Trends in Cognitive Sciences, Vol. 14, No. 3; Cambridge, S. 131–137

Koelsch, S. / Schröger, E. (2011): Neurowissenschaftliche Grundlagen der Musikwahrnehmung; In: Bruhn, H. / Kopiez, R. / Lehmann, A. C. (Hg.): Musikpsychologie. Das neue Handbuch; 3. Auflage, Reinbek, S. 393–412

Kreutz, G. (2011): Musik und Emotion; In: Bruhn, H. / Kopiez, R. / Lehmann, A. C. (Hg.): Musikpsychologie. Das neue Handbuch; 3. Auflage, Reinbek, S. 548–572

Lang, B. / Weiß, W. et al. (2011): Standards für traumapädagogische Konzepte in der stationären Kinder- und Jugendhilfe. Ein Positionspapier der BAG Traumapädagogik; Onlineveröffentlichung unter www.bag-traumapaedagogik.de; abgerufen am 12.06.2017

Lanius, R. / Lanius, U. / Fisher, J. / Ogden, P. (2010): Psychisches Trauma und Gehirn: Auf dem Weg zu einem neurobiologischen Behandlungsmodell; In: Ogden, P. / Minton, K. / Pain, C.: Trauma und Körper. Ein sensumotorisch orientierter psychotherapeutischer Ansatz; Paderborn, S. 203–229

Levine, P. A. / Frederick, A. (1998): Trauma-Heilung. Das Erwachen des Tigers. Unsere Fähigkeit, traumatische Erfahrungen zu transformieren; Essen

Levine, P. A. (2011): Sprache ohne Worte. Wie unser Körper Trauma verarbeitet und uns in die innere Balance führt; München

Levins, P. A. / Kline, M. (2015): Verwundete Kinderseelen. Wie Kinder und Jugendliche traumatische Erlebnisse überwinden können; 9, Auflage, München

Loch, U. (2012): Professionelle Beziehungen gestalten mit AdressatInnen nach traumatischen Erfahrungen; In: Bock K. / Dörr, M. / Homfeldt, H. G. / Schulze-Krüdener, J. / Thole, W. (Hg.): Grundlagen Sozialer Arbeit. Band 28 (Schulze, H. / Loch, U. / Gahleitner, S. B.): Soziale Arbeit mit traumatisierten Menschen. Plädoyer für eine psychosoziale Traumatologie; Baltmannsweiler, S. 151–163

Miller, A. (1983): Das Drama des begabten Kindes und die Suche nach dem wahren Selbst; Frankfurt am Main

Moch, M. (2011): Hilfen zur Erziehung; In: Otto, H.-W., Thiersch, H. (Hg.): Handbuch Soziale Arbeit; 4. Auflage, München, S. 619–632

Ogden, P. / Minton, K. / Pain, C. (2006): Trauma und Körper. Ein sensumotorisch orientierter psychotherapeutischer Ansatz; Paderborn

Orth, J. (2005): Music Therapy with Traumatized Refugees in a Clinical Setting; Onlineveröffentlichung unter https://voices.no/index.php/voices/article/view/ 227/171; abgerufen am 14.01.2017

Plahl, C. (2011): Musiktherapie – Praxisfelder und Vorgehensweisen; In: Bruhn, H. / Kopiez, R. / Lehmann, A. C. (Hg.): Musikpsychologie. Das neue Handbuch; 3. Auflage, Reinbek, S. 630–652

Porges, S. W. (2010): Die Polyvagaltheorie; 2. Auflage, Paderborn

Porges, S. W. (2017): Die Polyvagaltheorie und die Suche nach Sicherheit. Traumabehandlung, soziales Engagement und Bindung. Gespräche und Reflexionen zur Polyvagaltheorie; Lichtenau/Westfalen

Porges, S. W. / Geller, S. M. (2017): Therapeutische Präsenz. Neurophysiologische Mechanismen, die in therapeutischen Beziehungen ein Gefühl der Sicherheit vermitteln; In: Porges, S.W.: Die Polyvagaltheorie und die Suche nach Sicherheit. Traumabehandlung, soziales Engagement und Bindung. Gespräche und Reflexionen zur Polyvagaltheorie; Lichtenau/Westfalen; S. 189–214

Scherwath, C. / Friedrich, S. (2012): Soziale und pädagogische Arbeit nach Traumatisierung; München

Schönthal, E. (2016): Soziale Arbeit, Sport und Trauma: Die konzeptionelle Entwicklung eines sport- und bewegungsbezogenen Angebots für traumatisierte Jugendliche und Junge Erwachsene; Masterthesis an der Evangelischen Hochschule Freiburg

Schulze, H. (2012): Alltag als Kerndimension Sozialer Arbeit mit traumatisierten Menschen; In: Bock K. / Dörr, M. / Homfeldt, H. G. / Schulze-Krüdener, J. / Thole, W. (Hg.): Grundlagen Sozialer Arbeit. Band 28 (Schulze, H. / Loch, U. / Gahleitner, S. B.): Soziale Arbeit mit traumatisierten Menschen. Plädoyer für eine psychosoziale Traumatologie; Baltmannsweiler, S. 115–150

Schulze, H. / Kühn M. (2012); Traumaarbeit als institutionelles Konzept: Potenziale und Spannungsfelder; Bock K. / Dörr, M. / Homfeldt, H. G. / Schulze-Krüdener, J. / Thole, W. (Hg.): Grundlagen Sozialer Arbeit. Band 28 (Schulze, H. / Loch, U. / Gahleitner, S. B.): Soziale Arbeit mit traumatisierten Menschen. Plädoyer für eine psychosoziale Traumatologie; Baltmannsweiler, S. 166–186

Thiersch, O. / Grunwald, K. (2011): Lebensweltorientierung; In: Otto, H.-W., Thiersch, H. (Hg.): Hanbuch Soziale Arbeit; 4. Auflage, München, S. 854–863

Van der Kolk, B. (2014): The Body keeps the Score. Mind, Brain and Body in the Transformation of Trauma; St. Yves

Weiß, W. (2013) Selbstbemächtigung – ein Kernstück der Traumapädagogik. In: Bausum et al. (Hg.): Traumapädagogik. Grundlagen, Arbeitsfelder und Methoden für die pädagogische Praxis; 3. Auflage, Weinheim, S. 167–182

8. Anhang

Mail an die Wohngruppen vom 29.06.2017, zweimaliges Wiederversenden innerhalb des folgenden Monats:

„Liebe Wohngruppen,

ab Ende August möchte ich – zunächst für sechs Wochen, gerne aber auch länger – einen wöchentlichen Rhythmusworkshop in Oberrimsingen anbieten. Dieser soll hauptsächlich mit Naturfellinstrumenten wie Djemben, Congas, Bongos sowie hölzernen Percussioninstrumenten gestaltet werden und insgesamt ein sehr niedrigschwelliges Angebot darstellen. Ziel ist, durch gemeinsames rhythmisches Musizieren, das gleichermaßen angeleitet und improvisiert sein wird, in einem regelmäßigen, zuverlässigen und sicheren Rahmen Gemeinschaft, nonverbale Kommunikation, Selbstwirksamkeitserfahrungen und inneren Ausgleich/ Beruhigung zu ermöglichen und zu begünstigen.

Zum Hintergrund: Im Rahmen des Studienabschlusses der Sozialen Arbeit möchte ich der Bachelorthesis zum Thema „Nonverbale Traumapädagogik" ein Praxisprojekt zugrunde legen, welches sich durch sprachunabhängige, i. e. nonverbale Methoden wie Musik und Musizieren potentiell positiv auf Menschen mit Gewalterfahrung und/ oder Traumatisierung auswirkt. Das wissenschaftliche Interesse führt also zu der Frage, wie durch gemeinsames und in den Lebensalltag der Jugendlichen integriertes rhythmisches Musizieren eine positive Wirkung auf mehreren sozialen und intrapsychischen Ebenen erzielt werden kann – möglicherweise gerade auf Jugendliche, die ggf. mit Schlafproblemen, Aggressionen, Lethargie, Stressreaktionen o. ä. zu kämpfen haben.

Termin: KW 34 bis KW 39 (anschließend sehr wahrscheinlich Weiterführung); Der Workshop beginnt also bereits in den Sommerferien, d. h. in Frage kommende Jugendliche sollten auch während der Sommerferien da sein.

Nun die wichtige Frage: Für wen in euren Gruppen wäre ein solches Angebot möglicherweise interessant?

Für weitere Fragen stehe ich natürlich sehr gerne zur Verfügung, bei Bedarf kann ich auch einfach mal vorbeischauen und Euch bzw. den Jugendlichen das Projekt detaillierter vorstellen!

Vielen Dank und beste Grüße!

Christian Reichinger"

Zeitfracht Medien GmbH
Ferdinand-Jühlke-Straße 7
99095 Erfurt, Deutschland
produktsicherheit@kolibri360.de